Rainer Werner

Wenn die Mauern niederbrechen, werden noch die Trümmer sprechen

60 Jahre Berliner Mauer (1961-2021)

Verlag AURIGA Berlin

Der Titel ist ein Zitat aus dem Gedicht „Berlin" von Gottfried Benn. Das Aquarell auf dem Cover stammt vom Autor. Es zeigt die Mauer in Berlin-Kreuzberg. Als es im Sommer 1981 entstand, konnte sich kein Mensch vorstellen, dass dieses monströse Bauwerk schon acht Jahre später Geschichte sein würde.

Rainer Werner

Wenn die Mauern niederbrechen, werden noch die Trümmer sprechen

60 Jahre Berliner Mauer (1961-2021)

Verlag AURIGA Berlin

Bibliographische Information der Deutschen Nationalbibliothek:
Die Deutsche Nationalbibliothek verzeichnet diese Publikation in der Deutschen Nationalbibliographie; detaillierte bibliographische Daten sind im Internet über http://dnb.dnb.de abrufbar.

Originalausgabe, 1. Auflage 2021
© 2021 Rainer Werner
Sämtliche Rechte vorbehalten.
www.rainer-werner.com
Grafische Gestaltung: Patricia Strunk
© Fotos: Dagmar Denzin
Herstellung und Verlag: BoD – Books on Demand, Norderstedt

ISBN: 9783754340837

Inhalt

Vorwort

Als ich 1970 von Tübingen nach Berlin übersiedelte, um an der Freien Universität mein Studium der Germanistik und Geschichte abzuschließen, war mir bewusst, dass ich mich in eine ummauerte Stadt begab. Damals gab es das Bonmot, West-Berlin sei die einzige Stadt der Welt, in der in jeder Himmelsrichtung Osten sei. Trotz der Einschränkungen der Reise- und Bewegungsfreiheit lockte mich der freie Geist, der in der Frontstadt West-Berlin herrschte. Hier war in den 1960er Jahren ein Soziotop aus studentischen Rebellen, Wehrdienstverweigerern, Hippies und Lebenskünstlern aller Art entstanden. Wenn das Wort vom „alternativen Leben" irgendwo seine Berechtigung hatte, dann in West-Berlin. Durch den Wegzug vieler Menschen, denen es zu mühsam war, ständig bei den Grenzkontrollen der Nationalen Volksarmee mit dem Auto in der Schlange zu stehen, waren viele große Altbauwohnungen in bester Lage verfügbar – auch für Studenten. So wurde Berlin zur Stadt der Wohngemeinschaften. In ihnen wollten die Bewohner neue Lebensformen ausprobieren, gemeinsam Politik machen, privat solidarisch zusammenleben und durch sparsamen Konsum dem Kapitalismus ein Schnippchen schlagen. In Berlin wurden die ersten Kinderläden gegründet, in denen eine antiautoritäre Erziehung praktiziert wurde. Auch die Montessori-Schulen nahmen von Berlin ihren Ausgangspunkt. Durch die Studentenbewegung war die Stimmung in der Stadt stark aufgeheizt. Die Arbeiter waren eher rechts eingestellt. Sie hassten alles, was nur entfernt mit Sozialismus zu tun hatte. Kein Wunder – hatten doch fast alle Berliner Familien unter der Trennung durch die Mauer zu leiden. Bei Demonstrationen bekamen die Studenten oft zu hören: "Geht doch rüber!" und "Ihr seid Ulbrichts Fünfte Kolonne!". Sonst lebte es sich aber gut in West-Berlin. Die Lebenshaltungskosten waren niedrig, die Löhne und Gehälter wegen der Berlinzulage, die Durchhalteprämie genannt wurde, relativ hoch.

Studentenbude im Schatten der Mauer (Berlin-Kreuzberg)

Mit der Mauer hat man sich im Lauf der Jahre arrangiert. In Kreuzberg und im Wedding spielten die Kinder im Schatten der Mauer Fußball, Familien hängten an Leinen, die sie mit Dübel und Schraube an der Mauer befestigt hatten, ihre Wäsche auf. Umso ungläubiger reagierten die West-Berliner, als sie am 9. November 1989 in den Abendnachrichten vernahmen, dass die DDR-Regierung den DDR-Bürgern die Ausreise nach West-Berlin und in die BRD ohne besondere Anlässe gestatten wolle. Die Regelung gelte *„ab sofort, unverzüglich"*, wie Regierungssprecher Günter Schabowski nuschelnd in die Mikrophone sprach. Als der Sender Freies Berlin in den Abendnachrichten meldete, dass die ersten Ost-Berliner die Grenzübergangspunkte passiert hätten, machten sich viele West-Berliner auf den Weg, um die *„Brüder und Schwestern"* (so die feierliche Diktion des West-Berliner Senats) an der Grenze in Empfang zu nehmen. In dieser Nacht kam das Trabi-Klopfen in Mode: Wessis begrüßten Ossis, indem sie mit der flachen Hand auf das Dach ihres Trabant klopften. In dieser legendären Nacht fluteten über 100.000 Ost-Berliner Bürger Kurfürstendamm und Tauentzien. West-Berlin versank im Freudentaumel. Zwei Tage später, am 11. November, saß ein älterer Herr mit seinem Stradivari-Cello am Grenzübergangspunkt Checkpoint Charlie und spielte die Cellosuiten von Johann Sebastian Bach. Es war der weltberühmte Cellist Mstislaw Rostropowitsch, der 1974 aus der Sowjetunion in den Westen geflohen war. Sein Cellospiel an der gefallenen Mauer war eine Homage an die Freiheit. Denn auch für ihn bedeutete der Fall der Mauer das Ende eines unterdrückerischen Regimes. Er sagte in die Mikrofone: *„Die Mauer war ein Symbol für mein* *geteiltes Leben.*" Das Bild vom Cello-spielenden Dissidenten ging um die Welt. Wer das Gänsehautgefühl auch 32 Jahre später noch einmal auskosten will, kann sich das Video bei YouTube ansehen.

Für die West-Berliner erschloss sich nach dem Mauerfall ein unverhofftes Reich der Freiheit. Viele junge Berliner lernten jetzt eine Stadthälfte kennen, die sie noch nie betreten hatten. Man sah West-Berliner mit dem Stadtplan in der Hand durch Ost-Berlin flanieren, als wären sie Touristen aus dem Ausland. Auch das Brandenburger Umland wurde neugierig erkundet. An der Seenplatte von Mecklenburg-Vorpommern oder auf der Insel Rügen konnten West-Berliner jetzt ihren Urlaub verbringen. Wassersportler tobten sich auf den Seen Brandenburgs aus. Naturliebhaber wanderten durch unberührte Naturlandschaften, die im Schatten der Mauer und der innerdeutschen Sperranlagen entstanden waren. Mit dem „Grünen Band Deutschland" entstand entlang der ehemaligen innerdeutschen Grenze ein bis zu 200 m breiter Grüngürtel, der von Travemünde an der Ostsee bis nach Hof in Franken reicht. Das Band umfasst 150 Naturschutzgebiete, in denen mehr als 1.200 in Deutschland bedrohte Arten vorkommen.

Das wiedervereinte Berlin wuchs schneller zusammen, als Pessimisten vorhergesagt hatten. Bei der Wahl des Wohnorts war bald nur noch die Höhe der Miete entscheidend und nicht mehr die

Himmelsrichtung. Arbeit fand man im Osten wie im Westen. Heiraten von Wessis und Ossis wurden selbstverständlich. In den Lehrerkollegien und Angestelltenbüros konnte man bald nicht mehr erkennen, ob jemand im Osten oder Westen geboren war. So schnell glichen sich die Lebensstile an. Der Kapitalismus zeigte wieder einmal mehr seine gleichmacherische Kraft. Vor allem die Jugend profitierte von der neuen Reisefreiheit. Kaum ein Jugendlicher, der nicht nach dem Abitur eine kleine Weltreise unternommen hätte. Bei Lehrern war die Rate derer, die ein Sabbatjahr nahmen, im Osten deutlich höher als im Westen. Der Nachholbedarf an Fernreisen war groß. Es gab auch viele ehemalige West-Berliner, die aus „Westdeutschland", wie die BRD damals genannt wurde, in ihre Geburtsstadt zurückkehrten. Sie wollten den Wandel, der im wiedervereinten Berlin mit Händen zu greifen war, aus nächster Nähe erleben. Nach der Wahl Berlins zur Bundeshauptstadt am 20. Juni 1991 setzte ein enormer Bauboom ein. Viele Verlage, Verbände und Firmen verlegten ihre Zentralen nach Berlin. Die Stadt im Aufbruch lockte viele junge Menschen aus ganz Europa an, die sich von dem unfertigen Zustand der Stadt, dem Improvisierten und Experimentellen begeistern ließen. 32 Jahre nach dem Fall der Mauer hat sich bewahrheitet, dass die Freiheit der wichtigste Motor für eine Lebensgestaltung ist, die es einem erlaubt, die eigenen Wünsche und Pläne Wirklichkeit werden zu lassen.

Wenn man die Entwicklung des heutigen Berlins betrachtet, kann man ermessen, wie trist das Leben für die Bürger war, die ihr Leben in Unfreiheit hinter einer Mauer verbringen mussten, die zu überwinden mit Todesgefahr verbunden war. Dieses Buch will zeigen, wie grausam der Bau der Berliner Mauer in das Leben der Menschen einschnitt und sie zu einem Leben in Unfreiheit zwang. Bau und Fall der Berliner Mauer mahnen uns, niemals mehr zuzulassen, dass eine verblendete Ideologie den Menschen die Freiheit raubt.

Vom Bauwerk der Furcht zum Ort der Freude

Bau und Fall der Berliner Mauer (1961–1989)

Am 15. Juni gab der SED-Vorsitzende Walter Ulbricht eine Presskonferenz, auf der er die Forderung von KPdSU und SED nach einer "Freien Stadt Westberlin" erläuterte. Eine Journalistin der Frankfurter Rundschau meldete sich zu Wort: *"Herr Vorsitzender, bedeutet die Bildung einer freien Stadt Ihrer Meinung nach, dass die Staatsgrenze am Brandenburger Tor errichtet wird? Und sind Sie entschlossen, dieser Tatsache mit allen Konsequenzen Rechnung zu tragen?"* - Ulbricht gab darauf die berühmte Antwort: *"Ich verstehe Ihre Frage so, dass es Menschen in Westdeutschland gibt, die wünschen, dass wir die Bauarbeiter der Hauptstadt der DDR mobilisieren, um eine Mauer aufzurichten, ja? Ääh, mir ist nicht bekannt, dass solche Absicht besteht, da sich die Bauarbeiter in der Hauptstadt hauptsächlich mit Wohnungsbau beschäftigen, und ihre Arbeitskraft dafür voll ausgenutzt wird, voll eingesetzt wird. Niemand hat die Absicht, eine Mauer zu errichten!"* - Dieser Satz wurde zu einer der dreistesten Lügen der jüngeren Geschichte.

Exodus aus dem „Arbeiter-und-Bauern-Staat"

Dem Westen war im Frühjahr 1961 nicht verborgen geblieben, dass die DDR-Regierung seit Monaten mit dem Politbüro der KPdSU verhandelte, um die sowjetischen Genossen von der Notwendigkeit zu überzeugen, eine Mauer zwischen Ost- und West-Berlin errichten zu dürfen. Aus Sicht der Staatsführung der DDR war die Abriegelung der Grenze dringend geboten. Die Flüchtlingszahlen waren in den späten 1950er Jahren stetig gewachsen, weil die Kollektivierung der Landwirtschaft und die Verstaatlichung privater Betriebe dem Mittelstand jede Perspektive raubte. Im Jahr 1960 und im ersten Halbjahr 1961 flüchteten täglich bis zu 500 Menschen nach West-Berlin, allein vom 1. bis zum 13. August 1961 waren es über 47.000 DDR-Bürger. Eine kurze Fahrt mit der S-Bahn genügte, um in der Freiheit anzukommen. Das florierende West-Berlin war ein Magnet und ein ständiger Stachel im Fleisch der DDR. Die Abwanderung von gut ausgebildeten Fachkräften, von Ärzten, Ingenieuren, Lehrern und Architekten, schwächte die Volkswirtschaft enorm. Sie entlarvte zudem die Propaganda von der Überlegenheit des "real existierenden Sozialismus" über den angeblich von Krisen geschüttelten Kapitalismus. Die Abstimmung mit den Füßen ließ den marktwirtschaftlichen Westen als Sehnsuchtsziel erscheinen - für die Ideologen der SED eine unerträgliche Vorstellung. Viele Flüchtlinge traten anschließend im Westfernsehen auf und enthüllten die wahren Zustände im Alltag der DDR. Solche Auftritte sorgten für immer neuen Nachschub an Fluchtwilligen. Man muss sich nur die Fluchtzahlen vergegenwärtigen, um den Handlungsdruck zu ahnen, der auf der DDR-Führung lastete: In den 12 Jahren von der Staatsgründung der DDR im Oktober 1949 bis zum Mauerbau im August 1961 flohen 2,8 Millionen Menschen in den Westen. Es war absehbar, wann die Wirtschaft der DDR wegen des Aderlasses gut ausgebildeter Fachkräfte kollabieren würde.

Die Lüge wird Wirklichkeit

Zwei Monate nach der Pressekonferenz, am Sonntag, dem 13. August 1961, begannen nachts um 1 Uhr die Nationale Volksarmee der DDR und Betriebskampfgruppen, die Grenze zwischen Ost- und West-Berlin sowie der zwischen West-Berlin und der DDR auf ihrer vollen Länge - nahezu 170 km - lückenlos abzuriegeln. Der Aufwand an Material und Menschen war enorm. Im Laufe der Jahre wurde aus der schlichten Mauer ein tief gestaffeltes Sperrsystem. Es begann im Osten mit der Hinterlandmauer, danach kamen ein Signalzaun und sog. Flächensperren. Diese bestanden aus Dornenmatten mit nach oben gerichteten Stahlnägeln. Im Volksmund hieß dieses Hindernis "Stalinrasen". Danach kam ein Kolonnenweg, auf dem die Grenztruppen mit Militärfahrzeugen patrouillierten. Die sich anschließende Lichttrasse konnte bei einem am Signalzaun ausgelösten Alarm taghell erleuchtet werden. Daran schloss sich ein geharkter

Kontrollstreifen aus Sand an, in dem ein Fluchtversuch Fußspuren hinterließ. Der Kfz-Sperrgraben, der sich anschloss, war 1,5 m tief und auf seiner Westseite mit Betonplatten verstärkt. Dann erst kam die eigentliche Mauer, die von Westen aus sichtbar war. Für das ganze Sperrsystem hat sich im Westen der Begriff "Todesstreifen" eingebürgert.

Der einst belebteste Ort Berlins, der Potsdamer Platz, mit Mauer und Todesstreifen

Für die Grenztruppen, die an der Mauer Dienst taten, galt seit 1982 ein Schießbefehl. Flüchtlinge sollten noch auf DDR-Gebiet "unschädlich" gemacht werden. Legitimiert wurde die gewaltsame Vereitelung der Flucht durch den Paragrafen 213 im Strafgesetzbuch der DDR, der für "ungesetzlichen Grenzübertritt" bis zu acht Jahren Gefängnis vorsah. Man wollte die DDR-Bürger, die "Republikflucht" begangen hatten, zum Zwecke der Abschreckung unbedingt hinter

Gittern sehen. Die genaue Zahl der Todesopfer an der Berliner Mauer ist bis heute nicht bekannt. Je nach Quelle schwankt sie zwischen 136 und 245 Menschen. Die Berliner Mauer schloss die letzte Lücke in der innerdeutschen Grenze. Diese war 1.378 Kilometer lang und schon Jahre zuvor so abgesichert worden, dass sie von Flüchtlingen nur noch schwer überwunden werden konnte. Berüchtigt waren die Selbstschussanlagen, die durch die Berührung eines Stolperdrahts ausgelöst wurden und den Flüchtling mit Splittergeschossen töteten.

Alle Lebensadern der Großstadt gekappt

Mit dem Bau der Mauer wurde die Infrastruktur Berlins an der ehemaligen Zonengrenze brutal gekappt. Straßen und Bahngleise endeten abrupt in einer Sackgasse. An den U-Bahnlinien, die durch den Ostteil der Stadt führten, wurden die Bahnhofszugänge zugemauert. Wenn man als West-Berliner mit der U 6 vom Wedding nach Kreuzberg fuhr, sah man im Fenster die schwach erleuchteten Geisterbahnhöfe, auf denen sich keine Menschenseele aufhielt. Die zur Deutschen Reichsbahn gehörende S-Bahn wurde weiterhin von der DDR betrieben. West-Berliner boykottierten dieses Verkehrsmittel aus Protest gegen den Mauerbau. In der Kanalisation wurden von Grenzpolizisten schwere Eisengitter eingemauert, die eine unterirdische Flucht verhindern sollten. In Spree und Havel wurden Unterwasserhindernisse eingelassen, die bei einer Kollision Schiffe und Boote beschädigen oder sogar versenken konnten. Bei Häusern, die unmittelbar neben der Mauer standen, wurden die Westfenster zugemauert und die Bewohner umgesiedelt. Von der Bernauer Straße gibt es Wochenschauaufnahmen, die zeigen, wie sich kurz vor der Räumung der Wohnungen Menschen an zusammengeknoteten Bettlaken aus den Fenstern abseilen oder in das Sprungtuch der West-Berliner Polizei springen. Auch einer im neunten Monat schwangeren Frau gelang unverletzt der Sprung in das rettende Tuch. Drei Tage später brachte sie in West-Berlin ihr Kind zur Welt.

Fantasievolle Fluchten

Der Bau der Berliner Mauer erhöhte das Risiko, das die DDR-Bürger für eine "Republikflucht" in Kauf nehmen mussten. Der Freiheitsdrang war jedoch größer als die Angst vor Entdeckung durch die "staatlichen Organe". Willige Helfer aus West-Berlin gruben Fluchttunnel, die unter der Mauer hindurchführten und in einem Keller eines Ost-Berliner Hauses endeten. 39 solcher Tunnel soll es gegeben haben. Durch sie wurden zahlreiche Menschen in den Westen geschleust. Es gab auch spektakuläre Fluchten mit Hilfe von selbstgebastelten Heißluftballons oder mit Segelflugzeugen. Von 6.000 versuchten Fluchtversuchen über die Ostsee nach Dänemark gelangen nur 1.000. 200 Menschen ertranken in der stürmischen See, die anderen wurden verhaftet und zu Gefängnis verurteilt. Westdeutsche bauten ihre PKW so um, dass man in einem versteckten Hohlraum einen Menschen in den Westen transportieren konnte. Die DDR-Grenzbehörden nahmen deshalb die PKW genau unter die Lupe. Sie stocherten mit einem Metallstab in den Tank, um zu prüfen, ob er zugunsten eines Fluchtraums verkleinert worden war. Wie man nach der Wende erfuhr, hatte die Staatssicherheit (Stasi) über den Fahrstreifen, in die sich Westautos einreihen mussten, Röntgenapparate angebracht, die die Fahrzeuge auf eine verborgene menschliche Fracht durchleuchteten. Diese Enthüllung löste im Westen Empörung aus, weil durch diese Zwangsdurchleuchtung offensichtlich eine gesundheitliche Gefährdung der Insassen in Kauf genommen wurde.

Die Mauer trennte Familien und zerriss Freundschaften. Menschen, die in Ost-Berlin wohnten und in einer Fabrik im Westteil der Stadt arbeiteten, waren von ihrem Arbeitsplatz abgeschnitten - und umgekehrt. An der Mauer spielten sich bewegende Szenen ab. Familienangehörige in Ost und West verabredeten sich zu bestimmten Zeiten an erhöhten Punkten und winkten sich mit weißen Tüchern zu. Der West-Berliner Senat baute eigens für solche „Kontakte" Podeste aus Holz. Sie dienten auch Staatsgästen für einen Blick über das monströse Bauwerk. 1963 kam es zum ersten Passierscheinabkommen zwischen der DDR-Regierung und dem Senat von West-Berlin, das Besuche von West-Berliner Bürgern in Ost-Berlin erlaubte. So machten zum Jahreswechsel 1963/1964 etwa 700.000 West-Berliner rund 1,2 Millionen Besuche in Ost-Berlin. Geduldig ertrugen sie die langen Wartezeiten bei der Antragstellung. Zwischen 1966 und 1972 gab es keine Besuchsregelung, weil die DDR-Führung die Verhandlungen mit der Forderung nach formeller Anerkennung der DDR als zweiten deutschen Staat belastete.

Kommunismus als Gefängnis

Der Bau der Mauer bedeutete für die DDR einen gewaltigen Imageschaden. Im Westen sprach man von der "Schandmauer", die die Bürger der DDR in ein kommunistisches "Gefängnis" sperre. Die DDR-Propaganda hielt dagegen und sprach vom "antifaschistischen Schutzwall", der sich gegen den "aggressiven Imperialismus" der BRD und der NATO richte. Dass dies eine Lüge war, konnte man schon durch Augenschein erkennen: Die Sperranlagen, Minenfelder, Fangzäune und Hundelaufwege richteten sich nach Osten - gegen die eigene Bevölkerung. Die Deutschen im Westen sahen nur die glatte Mauerfassade mit einer Röhre als Krone. Innerhalb kürzester Zeit wurde die Westfassade mit Graffiti bemalt. Die Parolen waren für die SED wenig schmeichelhaft: "SBZ = KZ" und "DDR-Knast". Mit der Zeit wurden die Losungen, die auf der Mauer verewigt wurden, unpolitischer, künstlerischer. Für die Touristen, die West-Berlin besuchten, war die Graffitifassade der Mauer in Kreuzberg und im Wedding eine begehrte Attraktion. Es war schließlich die längste "Kunst"-Galerie der Welt. Nach der

Wende berichteten DDR-Bürger, dass sie nach dem Mauerfall zum ersten Mal gesehen hätten, dass sich die Mauer gegen das eigene Volk richtete. Da im Grenzgebiet ein fünf Kilometer tiefes militärisches Sperrgebiet eingerichtet wurde, war man auf die Informationen des DDR-Fernsehens angewiesen. Dort war immer nur vom „antifaschistischen Schutzwall" die Rede, durch den Angriffe des BRD-Imperialismus und der NATO auf die DDR abgewehrt werden sollten.

Entspannungspolitik und friedliche Koexistenz

Ende der 1960er Jahre begann in Europa die Entspannungspolitik, die die Konflikte, die aus dem Kalten Krieg und dem Wettrüsten resultierten, entschärfen sollte. Am 21. Juni 1973 trat der "Grundlagenvertrag" in Kraft, den die BRD mit der DDR geschlossen hatte. Darin wird die Entwicklung gleichberechtigter und gutnachbarlicher Beziehungen zwischen den beiden deutschen Staaten angestrebt. Beide Staaten verzichten zudem bei der Konfliktlösung auf die Anwendung von Gewalt. In einem "Brief zur deutschen Einheit", der dem Vertragstext beigefügt wurde, stellte die BRD klar, dass dieser Vertrag keinen Verzicht auf die deutsche Einheit bedeute. Es folgten zahlreiche Einzelverträge, in denen eine Zusammenarbeit auf verschiedenen Politikfeldern vereinbart wurde. Diese Verträge dokumentierten, dass sich die BRD damit abgefunden hatte, dass auf absehbare Zeit von der Existenz zweier deutscher Staaten auszugehen sei. Die DDR fühlte sich sicherer denn je, weil sie der erstrebten staatlichen Anerkennung ein großes Stück nähergekommen war. Jahre gingen ins Land, in denen die beiden deutschen Staaten friedlich nebeneinander existierten. Umso überraschender war der Ausbruch gesellschaftlicher Konflikte zu Ende der 1980er Jahre, die eine sich vergrößernde Unzufriedenheit der DDR-Bürger mit ihrem Staat offenbarten. Auch die Fluchtbewegungen nahmen wieder zu, vor allem über die sozialistischen Staaten Ungarn und Tschechoslowakei. Doch niemand ahnte damals, wie nah der Untergang der DDR schon war. Die Staatsführung der DDR feierte am 7. Oktober 1989 noch pompös den 40. Jahrestag der Staatsgründung. Ehrengast war Michail Gorbatschow, der von Demonstranten mit "Gorbi, hilf uns!"- Rufen empfangen wurde. Im Nachhinein wirkte die weltfremde Inszenierung wie das Spiel der Musikkapelle beim Untergang der Titanic.

Der Sommer des Missvergnügens

Am 7. Mai 1989 fanden in der DDR Kommunalwahlen statt. Kritische Bürger beobachteten die Stimmauszählung in den Wahllokalen. Sie notierten die Auszählergebnisse der Wahlvorstände und verglichen sie mit den amtlich veröffentlichten Zahlen. Die Diskrepanzen waren teilweise erheblich. SED und Stasi hatten die Wahlergebnisse offensichtlich schöngerechnet, um auf die für sozialistische Staaten „normale" Zustimmung von 98,85 Prozent zu kommen. Der Unmut über diese skrupellose Wahlfälschung kochte hoch. Bei spontanen Demonstrationen lauteten die Losungen: „Nie genug vom Wahlbetrug" und „Freie Wahlen statt falscher Zahlen". Als im Sommer 1989 die Fluchtbewegung von Bürgern über die CSSR und Ungarn in den Westen ihren Höhepunkt erreichte, regte sich auch im Innern der DDR Widerstand. Am 9. September 1989 wurde in Ost-Berlin das „Neue Forum" gegründet, das als Plattform kritischer Bürger fungieren sollte. Das Forum rief die DDR-Bürger ausdrücklich dazu auf, in der DDR zu bleiben und die SED zu demokratischen Reformen zu zwingen. Am 4. September 1989 fand in Leipzig die erste Montagsdemonstration statt, bei der die Bürger die SED aufforderten, endlich dem Beispiel Gorbatschows zu folgen und den starren DDR-Sozialismus zu reformieren. Die Demonstration nahm jeden Montag ihren Ausgangspunkt an der Nikolaikirche, wo zuvor ein Friedensgottesdienst stattgefunden hatte. Der evangelische Pfarrer Christian Führer gehörte zu den unerschrockenen Persönlichkeiten der turbulenten Wendezeit. Ihm gelang es, den Demonstranten die Angst vor den Drohgebärden der Staatsmacht zu nehmen. Im Lauf des Septembers entwickelten sich die Montagsdemonstrationen zu einer Massenbewegung. Die Losungen „Auf die Straße!", „Wir sind das Volk" und „Keine Gewalt!" zogen immer mehr Demonstranten an. Am 9. Oktober zogen 70.000

Leipziger Bürger über den Leipziger Ring, am 16. Oktober waren es bereits 120.000 und am 23. Oktober sogar 300.000 Menschen. Jetzt wurde der DDR-Führung bewusst, dass sich die Menschen auch nicht durch militärische Drohgebärden wie Panzerkolonnen in den Seitenstraßen würden einschüchtern lassen. Einige Hartliner im SED-Politbüro hatten mit der „chinesischen Lösung", einer militärischen Niederschlagung der „Konterrevolution", geliebäugelt. Diese martialische „Lösung" verbot sich, weil inzwischen die Weltöffentlichkeit auf Leipzig blickte. Filmaufnahmen von den gigantischen Demonstrationen waren nämlich in den Westen geschmuggelt und in der ganzen Welt im Fernsehen gezeigt worden. Jetzt war allen Beobachtern klar, dass die DDR-Führung demokratische Reformen einleiten musste, wenn sie nicht Gefahr laufen wollte, vom Volk hinweggefegt zu werden. Am 4. November 1989 fand in Ost-Berlin die größte Demonstration seit dem Volksaufstand vom 17. Juni 1953 statt. Bei der Abschlusskundgebung dieser von den DDR-Behörden genehmigten Demonstration versammelten sich 500.000 Bürger und lauschten den Ansprachen von 27 Rednern. Die treffendsten Worte fand der Schriftsteller Stefan Heym: *„Es ist, als habe einer die Fenster aufgestoßen! Nach all' den Jahren der Stagnation – der geistigen, wirtschaftlichen, politischen; – den Jahren von Dumpfheit und Mief, von Phrasengewäsch und bürokratischer Willkür, von amtlicher Blindheit und Taubheit. [...] Wir haben in diesen letzten Wochen unsere*

Sprachlosigkeit überwunden und sind jetzt dabei, den aufrechten Gang zu erlernen!"

Die bei der Demonstration mitgeführten Transparente enthielten politischen Forderungen nach Reisefreiheit und Demokratie: „Freie Wahlen für mündige Bürger". „Keine Fußtritte mehr – Macht des Volkes muss her", „Glasnost statt Phrasnost", „Wir wollen endlich Taten sehen, sonst sagen wir auf Wiedersehen", „Danke Ungarn". Es waren aber auch lustige Losungen zu lesen, die der Demonstration einen Hauch von Happening verliehen: „Tschüss SED", „Visafrei bis Hawaii", „Privilegien für alle", „Asterix ins Politbüro", „Prima Egon, Wende gehst". Da am Tag der Demonstration die Sonne schien, skandierten die Demonstranten spontan: „Rei-se-wet-ter, Rei-se-wet-ter…". Die Sensation bestand darin, dass die ganze Kundgebung vom Fernsehen der DDR live übertragen wurde. Glasnost à la DDR war Wirklichkeit geworden.

Mauerfall aus Versehen?

Wie ihrer Errichtung so ging auch dem Fall der Mauer eine Presskonferenz voraus. Am Abend des 9. November 1989 hielt das ZK-Mitglied Günter Schabowski eine Pressekonferenz ab. Er hatte kurz zuvor die Funktion eines "Sekretärs des ZK der SED für Informationswesen" übernommen, was der Rolle eines Regierungssprechers im Westen entsprach. An diesem Abend sollte er eine "Zeitweilige Übergangsregelung für die ständige Ausreise" aus der

DDR, die der Ministerrat der DDR zuvor verabschiedet hatte, vorstellen. Am Ende der Konferenz, gegen 19 Uhr, fragte der Hamburger BILD-Reporter Peter Brinkmann, ab wann denn diese Regelung gelte. Schabowski schaute auf seinen Notizzettel und gab dann etwas vernuschelt Auskunft: *"Das tritt nach meiner Kenntnis... ist das sofort, unverzüglich"*. Da die Pressekonferenz live im Rundfunk und Fernsehen der DDR übertragen wurde, löste diese Ankündigung einen Massenansturm der Ost-Berliner auf die Kontrollstellen aus. Als die Grenztruppen dem Massenandrang nicht mehr Herr wurden, öffneten sie ungeplant und ohne klare Anweisung von ihren Vorgesetzten die Schlagbäume. In den Straßen nach West-Berlin spielten sich unbeschreibliche Szenen der Verbrüderung ab. West-Berliner standen Spalier und empfingen die ostdeutschen Überraschungsgäste mit Sekt. Jedem Beobachter war klar, dass die Öffnung der Mauer nicht mehr rückgängig zu machen war. Dazu hatten die Ostdeutschen in dieser legendären Nacht zu viel Freiheit geschnuppert. Nach dem 9. November 1989 wurde nach einem neuen Drehbuch Politik gemacht. Schon ein dreiviertel Jahr später, am 3. Oktober 1990, kam es zur deutschen Wiedervereinigung.

Neuer Volkssport in Berlin: Ritt auf der Mauer (November 1989)

Am 19. Januar 1989 prophezeite Erich Honecker bei einer Rede im Staatsratsgebäude: *„Die Mauer wird in 50 und auch in 100 Jahren noch bestehen bleiben, wenn die dazu vorhandenen Gründe nicht beseitigt werden."* Zehn Monate später war die Mauer Geschichte, ohne dass sich an den Gründen etwas verändert hätte. Der Freiheitswille der Menschen hatte gesiegt. Vom Weltall war die Berliner Mauer genauso sichtbar wie die Chinesische Mauer. Kein politischer Kopf hätte sich bis zum 9. November 1989 träumen lassen, dass dieses gigantische Bauwerk, das zu den am schwersten bewachten Bollwerken der Welt gehörte, in einer freudentrunkenen Nacht seinen Schrecken verlieren würde. Das Wort "Wahnsinn" war zurecht das Wort der Stunde. Heute stehen von der Berliner Mauer nur noch wenige Reste. Auf dem Areal der "Gedenkstätte Berliner Mauer" befindet sich das letzte Stück Mauer, das in seiner Tiefenstaffelung erhalten geblieben ist. Das Denkmal "East Side Gallery" in Berlin-Friedrichshain ist eine dauerhafte Open-Air-Galerie auf einem 1,3 km langen Teilstück der Berliner Mauer. Auf den Betonsegmenten haben nach 1990 118 Künstler aus 21 Länder ihre Interpretation der Mauer-Historie in Gemälden und Karikaturen verewigt. In ganz Berlin können Touristen und Neu-Berliner den ehemaligen Verlauf der Berliner Mauer an einem doppelten Streifen von Pflastersteinen erkennen, die in Straßen und Plätze eingelassen wurden. An diesem „Steinband" kann man nachempfinden, wie brutal und willkürlich die Mauer das Leben einer Großstadt zerschnitt. Auf dem ehemaligen Mauerstreifen gibt es heute den 160 km langen "Berliner Mauerweg", auf dem man durch Wälder, Wiesen, vorbei an Seen und Flüssen radeln kann. Der "Mauerpark" im Bezirk Prenzlauer Berg ist eine beliebte Partyzone, in der junge Menschen bei Live-Musik unbeschwert feiern. Das freie Leben hat sich die ehemalige Todeszone zurückerobert.

Mauerkunst, im Hintergrund das heutige Abgeordnetenhaus von
Berlin in der Niederkirchner Straße

Historische Informationen

Die Abriegelung einer Stadthälfte mit 2 Millionen Einwohnern durch eine Mauer bedeutete einen tiefen Einschnitt in das Leben der Menschen. Aber auch die Infrastruktur, die für die ganze Stadt gebaut worden war, wurde abrupt in zwei Teile getrennt, was in den ersten Jahren zu Beeinträchtigungen beim Verkehr, bei der Energieversorgung und in der Kommunikation (Telefon, Briefe, Pakete) führte. In der Folge werden die Auswirkungen der Sperrmauer auf unterschiedliche Lebensbereiche veranschaulicht.

Der Unterdrückungsapparat der DDR: *„Im Mittelpunkt steht der Mensch, nicht der Einzelne"* (Reiner Kunze)

Inoffizieller Mitarbeiter der Stasi

Das Ministerium für Staatssicherheit hatte im Sommer 1989, als sich das Ende der DDR als eigenständiger Staat abzeichnete, 91.000 hauptamtliche und 189.000 inoffizielle Mitarbeiter. Letztere wurden abgekürzt IM genannt. Bei der Bereitschaft, für das Ministerium zu arbeiten, spielte Geld nur eine untergeordnete Rolle. Wichtiger für die IM war ihre politische Überzeugung als Kommunist. Sie wollten ihre politischen Ideale, eine sozialistische Gesellschaft zu verwirklichen, durch den Dienst bei der Stasi bekräftigen. Angeworben wurden gerne Mitglieder der Freien Deutschen Jugend (FDJ), wenn sie durch Begeisterung und Diensteifer aufgefallen waren. Sie waren jung, familiär unabhängig und unternehmungslustig und deshalb in vielen

Bereichen einsetzbar. Das Netz der IM sollte möglichst flächendeckend sein, um über alle Bereiche der Gesellschaft verlässliche Informationen zu erhalten. Bevorzugt wurden prominente Gegner der SED überwacht, teilweise von mehreren Spitzeln gleichzeitig. Einen guten Einblick in die Überwachungsmethoden der Stasi bietet das Buch des Schriftstellers Erich Loest: "Die Stasi war mein Eckermann oder Mein Leben mit der Wanze". Die Stasi las und kopierte seine Briefe, verwanzte seine Wohnung und verfolgte jeden seiner Schritte in der Öffentlichkeit. Loest war als "negativ feindlicher Autor" eingestuft worden, dessen staatsfeindliche Gesinnung in den Augen des MfS die scharfen Überwachungsmethoden rechtfertigten. Die Stasi heuerte auch gerne straffällig gewordene DDR-Bürger an. Gegen Strafminderung sollten sie in ihrem Arbeitsumfeld oder im Freundeskreis Spitzeldienste leisten. Nach 1989 wurden die Stasi-Archive geöffnet und die Aufarbeitung der Arbeit dieser monströsen Behörde begann. In detektivischer Kleinarbeit gelang es den Experten, die Klarnamen vieler Spitzel, die sich hinter ihren Decknamen verbargen, zu enthüllen. Allerdings hatte die Stasi, als das Ende der DDR absehbar war, in hektischer Betriebsamkeit viele Akten, darunter auch viele Verpflichtungserklärungen der IM, bereits vernichtet. Die Stasi-Akten sorgten sogar für eine technologische Neuerung der besonderen Art. Das Fraunhofer-Institut für Produktionsanlagen und Konstruktionstechnik in Berlin entwickelte eine

Software mit dem Namen ePuzzler, die die Schnipsel einer zerrissenen Akte so scannte, dass ihre Rekonstruktion möglich war. Im Volksmund hieß dieses Verfahren „Stasi-Schnipselmaschine".

Spionage

BRD und DDR lagen während der Zeit des Kalten Krieges an der Nahtstelle der verfeindeten Machtblöcke NATO und Warschauer Pakt. Spionage und Gegenspionage gehörten deshalb zum üblichen Instrumentarium der Politik. Die Auslandsspionage der Staatssicherheit der DDR (Stasi) war besonders aktiv in der Anwerbung von Menschen für eine Agententätigkeit. Im DDR-Jargon wurden die Agenten "Kundschafter des Friedens" genannt. Motive für die Spionagetätigkeit waren politische Überzeugung, der Lockruf des Geldes und die Verliebtheit in den anwerbenden hauptamtlichen Stasi-Agenten. Solche "Honigfallen" waren als Anwerbemethode beliebt. Die "Romeos" wurden in der Stasi-Zentrale besonders geschult. Der DDR-Staatssicherheit gelang es, Agenten in hochrangigen Positionen zu platzieren: im Bundesnachrichtendienst, im Bundesamt für Verfassungsschutz und im NATO-Hauptquartier in Brüssel. Am bekanntesten wurde der Spion Günter Guillaume, der zum persönlichen Referenten von Bundeskanzler Willy Brandt aufstieg. Ziele der DDR-Spionage waren militärische Geheimnisse der NATO, Strategien der jeweiligen Bundesregierung in Bezug auf den Ost-West-Konflikt und vor allem betriebliche

Geheimnisse der westdeutschen Wirtschaft. Der Bundesnachrichtendienst der BRD (BND) hatte ebenfalls viele Agenten im Einsatz. Sie sollten vor allem die Sowjetarmee ausspähen. Dazu gehörte die Beobachtung sowjetischer Militäreinrichtungen und von Truppenbewegungen auf dem Boden der DDR. Dem BND gelang es nicht, Agenten in hohen Positionen der Staatsführung zu etablieren. Beide Geheimdienste versuchten, enttarnte Agenten zur Gegenspionage zu verpflichten. Wenn sie sich darauf einließen, wurden die Strafen, die sie zu erwarten hatten, ausgesetzt oder abgemildert. Nach der Wende 1989/1990 wurden viele Agenten in Ost und West enttarnt, als das Stasi-Archiv für Recherchen zugänglich wurde. Ab und zu wurden verurteilte Spione auf der Glienicker Brücke zwischen Berlin und Potsdam publikumswirksam ausgetauscht.

Haftanstalten Bautzen, Hohenschönhausen, Hoheneck

In Berlin-Hohenschönhausen befand sich die zentrale Untersuchungshaftanstalt des Ministeriums für Staatssicherheit der DDR. In ihr waren vor allem politische Gefangene inhaftiert, darunter fast alle bekannten DDR-Oppositionellen, wie der Philosoph Rudolf Bahro, der Schriftsteller Jürgen Fuchs und die Malerin Bärbel Bohley. Vor dem Mauerbau 1961 flohen viele Insassen der Haftanstalt nach Verbüßung ihrer Strafe in den Westen, wo sie die körperlichen Merkmale physischer Folter den Medien zeigten. Danach änderte die um ihre Reputation besorgte

DDR-Staatsführung die Taktik. Statt körperlicher Folter wurden psychologische Zermürbungstaktiken eingesetzt, die die Persönlichkeit des Insassen brechen sollten. Nach der Wende 1989 wurde die Haftanstalt aufgelöst. Inzwischen befindet sich auf dem Gelände die "Gedenkstätte Berlin-Hohenschönhausen", die Führungen durch das ehemalige Gefängnis organisiert und Jugendliche in Demokratie-Projekten für die Gefahr durch totalitäre Ideologien sensibilisiert.

In der sächsischen Stadt Bautzen betrieb die DDR seit 1950 die Haftanstalt Bautzen I, die wegen ihrer gelben Klinkerfassade im Volksmund "Gelbes Elend" genannt wurde. In dieser Haftanstalt wurden vor allem Langzeithäftlinge und Mehrfachtäter untergebracht. In einer gesonderten Abteilung - Bautzen II - wurden Strafgefangene gefangen gehalten, die die Staatssicherheit als "besserungsunwillig" eingestuft hatte. Bei ihnen handelte es sich um politische Gefangene, die die Gefängnisarbeit verweigerten und zumeist einen Ausreiseantrag gestellt hatten. Prominenteste Häftlinge in Bautzen II waren die Schriftsteller Erich Loest und Heinz Brandt und die Philosophen Wolfgang Harich und Rudolf Bahro.

Im sächsischen Erzgebirgsort Stollberg liegt das Schloss Hoheneck, das ab dem 16. Jahrhundert zum Herzogtum Sachsen gehörte. Im 17. Jahrhundert wurde das Schloss, das auf einer Anhöhe liegt, als Untersuchungsgefängnis genutzt. Ab 1862 diente es verschiedenen Herrschern als Haftanstalt. Die DDR-Regierung nutzte das Gefängnis zur Unterbringung von Frauen, die wegen politischer Straftaten verurteilt worden waren. Allerdings waren hier auch kriminelle Frauen untergebracht, zeitweise mit den politischen Häftlingen zusammen in einer Zelle. Die Gefangenen mussten für verschiedene Betriebe der Umgebung arbeiten. Bis zum Ende der DDR 1990 waren nach wissenschaftlichen Berechnungen in Hoheneck ca. 25.000 Frauen inhaftiert. Davon waren 8.000 politische Häftlinge. Für die hier inhaftierten Frauen hat sich in der Alltagssprache der DDR der Begriff "Hoheneckerinnen" eingebürgert.

Häftlingsfreikauf

In den Jahren nach dem Mauerbau 1961 litt die DDR an akutem Devisenmangel. Zu deren Beschaffung verfiel sie auf ein perfides Geschäftsmodell: den Häftlingsfreikauf. Für die Erlassung eines Teils des Haftanspruchs wurden politische Gefangene gegen Devisen oder Warenlieferungen aus der BRD ausgetauscht. In der DDR war es streng verboten, über diesen "Menschenhandel" zu reden. Von den BRD-Medien wurde gefordert, ebenfalls Diskretion zu üben. Die meisten Westmedien hielten sich daran, um den Freikauf der Häftlinge nicht zu gefährden. Der Häftlingsfreikauf begann 1962 und endete im November 1989, als mit der friedlichen Revolution und der Wende alle politischen Gefangenen freigelassen wurden. Zwischen 1964 und 1989 wurden insgesamt 33.755 politische Häftlinge für mehr als 3,4

Milliarden DM freigekauft. Die beiden Regierungen hatten sich auf einen durchschnittlichen Kopfpreis von ca. 40.000 DM geeinigt. Der Kurs für prominente Häftlinge lag höher, der für unbekannte Häftlinge niedriger. Die Gefangenen wurden aus der jeweiligen Haftanstalt mit Bussen direkt zur Grenze gebracht. Von ihren Angehörigen durften sie sich nicht verabschieden. Wie man nach der Wende den Akten der DDR entnehmen konnte, wurde ein Großteil des eingenommenen Westgeldes für Luxusgüter für die kommunistische Führung ausgegeben. Auch das Zwangsdopingsystem des DDR-Sports wurde perfektioniert, indem modernste Labortechnik aus dem Westen angeschafft wurde. Für die Verbesserung der Lebensumstände der Menschen wurde nur ein Bruchteil der eingenommenen Devisen ausgegeben. Ein wichtiger Unterhändler für den Gefangenenfreikauf war der DDR-Rechtsanwalt Wolfgang Vogel. Nach der Wende wurde ihm zur Last gelegt, Häftlinge vor dem Austausch unter Druck gesetzt zu haben, damit sie ihre Häuser und Grundstücke billig an die Regierung verkaufen. Da die Häftlinge mit ihrer Unterschrift in den Verkauf eingewilligt hatten, um in die Freiheit entlassen zu werden, hatten sie nach dem Untergang der DDR nur geringe Chancen, ihre Immobilien zurückzubekommen. Treue Stasi-Angehörige hatten sie inzwischen in Besitz genommen. Der Häftlingsfreikauf war vor allem in der BRD umstritten. Amnesty International kritisierte ihn, weil erkennbar war, dass die DDR immer mehr Häftlinge "produzierte", um die Devisengewinne zu steigern. Von jährlich von Polizei und Staatssicherheit zu erfüllenden Häftlingsquoten war die Rede. Die Regierung der BRD führte den Freikauf trotz moralischer Bedenken fort, um den Gefangenen die Qual einer weiteren Haft in den wenig komfortablen Haftanstalten der DDR zu ersparen. Für den Kommunismus, das angeblich menschlichere System, war der pekuniäre Menschenhandel freilich ein großer Imageschaden.

Betriebskampfgruppen

Seit dem Volksaufstand am 17. Juni 1953 lebte die DDR-Führung in der Angst, solche Unruhen könnten sich wiederholen, wenn es den Menschen wieder einmal wirtschaftlich schlechter ginge. Deshalb wurden sog. „Kampfgruppen der Arbeiterklasse" gebildet, die auch die Bezeichnung „Betriebskampfgruppen" trugen. Es handelte sich um paramilitärische Einheiten von Beschäftigten in DDR-Betrieben, Landwirtschaftlichen Produktions-genossenschaften (LPG) und in Hoch- und Fachschulen. Die Mitglieder der Betriebskampf-gruppen wurden in einem Gelöbnis auf ihre Aufgaben eingeschworen: *„Ich bin bereit, als Kämpfer der Arbeiterklasse die Weisungen der Partei zu erfüllen, die Deutsche Demokratische Republik, ihre sozialistischen Errungenschaften jederzeit mit der Waffe in der Hand zu schützen und mein Leben für sie einzusetzen. Das gelobe ich."* Die Kampfgruppen waren mit Pistolen, Sturmgewehren und Maschinenpistolen bewaffnet.

Nach und nach kamen Maschinengewehre, Panzer- und Flugabwehrraketen sowie Granatwerfer dazu. Das militärische Training erfolgte mehrmals im Jahr in der Freizeit. 60 Prozent der Mitglieder in den Kampfgruppen waren SED-Genossen, die auch alle Kommandopositionen innehatten. Dadurch sollte die Führungsrolle der kommunistischen Partei unterstrichen werden. Die Kampfgruppen waren die militärische Reserve für die Niederschlagung von Aufständen, sie bildeten aber auch einen bewaffneten Werkschutz, der Sabotage und Diebstahl verhindern sollte. 1980 waren 210.000 Männer und (nur wenige) Frauen in den Betriebskampfgruppen organisiert. Beim Bau der Berliner Mauer 1961 waren 5.000 Kämpfer der Betriebskampfgruppen zum Schutz der Bauarbeiter mobilisiert worden. Nach der Wende 1989 wurden alle Betriebskampfgruppen entwaffnet und kurz darauf aufgelöst. Aus dem Stahl der Waffen von Betriebskampfgruppen wurde im Jahr 2000 die Glocke der Friedenskirche in Dessau gegossen.

Flucht aus der DDR: *„Der Letzte macht das Licht aus"* (DDR-Volksmund)

Initialzündung Ungarn

Ende der 1980er Jahre setzte sich in der ungarischen Kommunistischen Partei USAP der Reformflügel gegen die orthodoxen Kräfte durch. Er wollte das Volk mit der kommunistischen Regierung aussöhnen, indem er den autoritären Kurs einem demokratischen

Wandel unterzog. Ministerpräsident Miklos Németh war die treibende Kraft der demokratischen Reformen. Als vertrauensbildende Maßnahme gegenüber dem Westen setzte er in seiner Regierung durch, dass im Sommer 1989 am Grenzzaun zwischen Ungarn und Österreich nicht mehr geschossen werden durfte. Am 19. August 1989 fand im Grenzbereich bei Sopron das Paneuropäische Picknick statt. Die Regierungen von Ungarn und Österreich verabredeten, dass anlässlich dieser Friedensaktion die Grenze für einige Stunden geöffnet werden sollte. Die beiden Außenminister durchschnitten pressewirksam mit Bolzenschneidern den rostigen Zaun. Über 700 DDR-Bürger nutzten diese Gelegenheit, um nach Österreich zu fliehen. Tagelang hatten sie bei größter Hitze im Grenzgebiet ausgeharrt, um den entscheidenden Moment nicht zu verpassen. Die gelungene Flucht, die im Westfernsehen übertragen wurde, lockte in den nächsten Wochen Zehntausende DDR-Bürger nach Ungarn. Sie kampierten vor der Botschaft der BRD auf dem Bürgersteig und schliefen in ihren Trabis. Verpflegt wurden sie vom Ungarischen Roten Kreuz, von hilfsbereiten Bürgern und vom katholischen Malteser Hilfsdienst. Dabei griff der deutsche Zweig des Dienstes dem ungarischen mit Hilfslieferungen unter die Arme. Nach dem Friedenspicknick wurde die Grenze wieder geschlossen. Es gab aber hilfsbereite Grenzsoldaten, die fluchtwilligen DDR-Bürgern unter der Hand zeigten, auf welchen Schleichpfaden sie unbehelligt nach Österreich fliehen konnten. Einen Zwischenfall gab es, als die Arbeitermilizen der Kommunistischen Partei an der Grenze patrouillierten und von der Schusswaffe Gebrauch machten. Zahlreiche DDR-Bürger wurden dabei verletzt. Der ungarische Außenminister Gyula Horn reiste nach Ost-Berlin, um das Politbüro der SED davon zu unterrichten, dass die ungarische Regierung nicht länger gewillt sei, die DDR-Bürger an der Flucht nach Österreich zu hindern. Er machte die erzürnte SED-Parteiführung darauf aufmerksam, dass Ministerpräsident Németh von Mikail Gorbatschow die Erlaubnis bekommen habe, den Eisernen Vorhang für humanitäre Zwecke zu öffnen. Die DDR-Führung drohte unverhohlen, Ungarn durch wirtschaftliche Sanktionen, wie z.B. reduzierte Energielieferungen, zu schaden. Ohne Erfolg. Ungarn war nicht bereit, für einen Staat, der sich reformunwillig zeigte und *„in dem die Menschen nicht leben wollen"* (Gyula Horn), eine zweite Mauer außerhalb der DDR zu errichten. Am 25. August trafen sich der ungarische Ministerpräsident Miklos Németh, Bundeskanzler Helmut Kohl und die beiden Außenminister Gyula Horn und Hans-Dietrich Genscher zu einem Geheimtreffen auf Schloss Gymnich bei Bonn. Dort erklärte sich Ungarn bereit, seine Grenze zu öffnen und die DDR-Flüchtlinge in den Westen ziehen zu lassen. Eine Gegenleistung hat Ungarn dafür nicht verlangt. Als Dank fädelte Helmut Kohl für Ungarn mehrere Kredite mit einem Gesamtvolumen von einer Milliarde DM ein. Am 11. September 1989 öffnete Ungarn seine Grenze nach

Österreich. 50.000 DDR-Bürger ließen ihre Trabis am Straßenrand stehen und flüchteten in die Freiheit. Die Straßen im Grenzbereich wurden kurzfristig zum größten Autofriedhof der Welt. Die meisten DDR-Bürger hatten im Autokennzeichen „DDR" das erste „D" und das „R" mit Klebeband unkenntlich gemacht, um mit dem „D" für Deutschland gegen den ungeliebten Unterdrückerstaat zu protestieren. Ungarn kommt das Verdienst zu, als erster Staat des Warschauer Pakts den unmenschlichen Grenzzaun geöffnet und für die Menschen den Weg in die Freiheit gebahnt zu haben.

Deutsche Botschaft in Prag

Im Sommer 1989 waren immer weniger sozialistische "Bruderländer" bereit, der DDR dabei zu helfen, die Flucht von DDR-Bürgern in den Westen zu unterbinden. Ungarn und die CSSR wussten, dass es ihrem Image schaden würde, wenn sie "Republikflüchtige" gewaltsam einfangen und an die DDR-Behörden ausliefern würden. Ausreisewillige DDR-Bürger wussten von dieser Schwachstelle und versuchten im Sommer 1989 verstärkt, über die CSSR und Ungarn in den Westen zu gelangen. Eine beliebte Anlaufstelle war die westdeutsche Botschaft in Prag, die sich auch heute noch im prachtvollen Palais Lobkowitz befindet. Täglich suchten bis zu 50 Menschen in der Botschaft Zuflucht, die schon nach wenigen Wochen hoffnungslos überfüllt war. Am 23. August schloss Botschafter Hermann Huber die Botschaft für den Publikumsverkehr. Der Zustrom an

Flüchtlingen in die Botschaft hielt dennoch unvermindert an. Die meisten Neuankömmlinge, oft ganze Familien, kletterten über den zwei Meter hohen Metallzaun. Im Garten der Botschaft wurden Zelte und sanitäre Anlagen errichtet. Auch Unterricht für die zahlreichen Kinder wurde improvisiert. In der Botschaft schliefen die Flüchtlinge auf Feldbetten und auf dem Fußboden. Die Zustände wurden von Tag zu Tag unhaltbarer, zumal sich der Rasen vor der Botschaft durch die Menschenmassen und den einsetzenden Regen in eine Schlammlandschaft verwandelt hatte. In den umliegenden Straßen hatten die Flüchtlinge ihre Trabanten und Wartburgs zurückgelassen. Die DDR-Führung veranlasste deren Entfernung, um die stummen Zeugen der Massenflucht aus dem Straßenbild zu tilgen. Unter den Flüchtlingen gab es heftige Auseinandersetzungen, die teilweise auch physisch ausgetragen wurden. Die Staatssicherheit hatte nämlich Spitzel eingeschleust, die die Bürger zur Rückkehr in die DDR überreden sollten. Selbst der Staranwalt der SED, Wolfgang Vogel, reiste an, um die Flüchtlinge zur Rückkehr in die DDR zu bewegen. Nach einem halben Jahr sollten sie dann „legal" aus der DDR in die BRD ausreisen dürfen. Nur wenige Bürger ließen sich auf dieses Angebot ein. Zu oft schon hatte die SED ihre Versprechen nicht gehalten.

Als die Zahl der Flüchtlinge in der Botschaft auf 5.000 anschwoll, war klar, dass es bald eine politische Lösung geben musste, um eine humanitäre

Katastrophe abzuwenden. Der Zeitpunkt war günstig, weil die DDR-Führung das Problem unbedingt vor der Feier zum 40. Jahrestag der DDR am 7. Oktober lösen wollte. Der damalige Außenminister der BRD, Hans-Dietrich Genscher, führte hinter den Kulissen Verhandlungen mit seinem sowjetischen Amtskollegen Eduard Schewardnadse, dem Außenminister der DDR Oskar Fischer und dem Außenminister der CSSR Jaromir Johanes. Genscher erreichte schließlich die friedliche Ausreise aller Botschaftsflüchtlinge in die BRD. Am Abend des 30. September 1989, kurz vor 19 Uhr, betrat er den Balkon der Botschaft in Prag und fing an zu sprechen: *„Liebe Landsleute, wir sind zu Ihnen gekommen, um Ihnen mitzuteilen, dass heute Ihre Ausreise..."* - Der folgende Halbsatz - "*...möglich geworden ist"* - ging im tausendfachen Jubel unter. Ernüchterung und Angst machten sich breit, als bekannt wurde, dass die Züge in die BRD über das Hoheitsgebiet der DDR fahren sollten. Dies hatte Genscher der DDR-Regierung vorgeschlagen, damit sie ihr Gesicht wahren konnte. In den DDR-Medien hieß es dann auch, die Regierung habe die "Republikflüchtlinge" in Ausübung ihrer vollen Souveränität aus der DDR ausgewiesen. Die Angst der Flüchtlinge vor Übergriffen der Staatssicherheit in den Zügen wurde gemindert, als sie erfuhren, dass in jedem Waggon zwei Vertreter der bundesdeutschen Botschaft mitfahren sollten. Für die Evakuierung der Botschaftsflüchtlinge wurden sechs Züge mit je zehn Waggons bereitgestellt. Die Züge fuhren von Prag nach Dresden und von dort über Karl-Marx-Stadt (dem heutigen Chemnitz) nach Hof. Die Züge hielten an keinem der Durchgangsbahnhöfe. DDR-Bürger sollten daran gehindert werden, während des Halts auf die Züge aufzuspringen. Volkspolizei und NVA besetzten zudem alle Bahnübergänge. So befürchteten, dass Bürger die Züge mit dem Auto blockieren könnten, um noch in die Züge gelangen zu können. Im Zug sammelten Stasi-Angehörige die Personalausweise ("PA") ein, was einer Ausbürgerung gleichkam. Diese Ausweise dienten später dazu, das zurückbleibende Eigentum der Flüchtlinge zu beschlagnahmen. An der Bahnstrecke standen viele DDR-Bürger und winkten den Ausreisenden zu. Diese warfen ihr letztes DDR-Geld aus dem Fenster. In Hof wurden die Flüchtlinge von einer jubelnden Menschenmenge empfangen. THW, Rotes Kreuz und Bahnhofsmission hatten Stände aufgebaut, an denen es warmes Essen, Getränke und frische Kleidung gab. Auch eine Säuglings- und Kinderstation war eingerichtet worden. Von Hof wurden die neuen BRD-Bürger mit Zügen in Auffanglager in Hessen und Bayern gebracht.

Die gelungene Ausreise von über 5.000 Bürgern wirkte wie ein Magnet. Schon am 4. Oktober befanden sich wieder 4.000 DDR-Bürger auf dem Gelände der Botschaft, weitere 2.000 Personen kampierten auf der Straße vor dem Zaun. Erneut genehmigte die DDR-Regierung die Ausreise in die BRD. Dieses Mal wurden acht Züge eingesetzt. Anders als beim ersten "Transport" versuchten dieses

Mal zahlreiche DDR-Bürger die Züge zu entern. In Dresden belagerten in der Nacht vom 4. zum 5. Oktober 5.000 Fluchtwillige den Bahnhof, 10.000 versammelten sich vor dem Gebäude. Die Wut der Demonstranten entlud sich in nie vorher gesehener Gewalt: Scheiben und Schaukästen des Bahnhofs wurden zertrümmert, Polizisten mit Steinen beworfen, ein Polizeiauto umgekippt und angezündet. Später sagte ein Polizeioffizier, er habe sich an den Volksaufstand vom 17. Juni 1953 erinnert gefühlt.

Die Flucht der DDR-Bürger in die bundesdeutsche Botschaft in Prag und die Ausreise von ca. 12.000 Menschen in 14 Sonderzügen war ein wichtiger Meilenstein beim Untergang der DDR. Die Bilder der Züge gingen um die Welt. Sie zeigten anschaulich, dass die Bürger der DDR nicht länger gewillt waren, *in der Lüge zu leben"*, wie es der berühmte Dissident der CSSR, Václav Havel, formuliert hat. Eine Regierung, der das Volk davonläuft, hat ihre Legitimation verloren. Das ist bis heute die Botschaft des bewegten Herbstes 1989 in Prag.

Knebelung der Kultur: *„Mit dem Je-Je-Je sollte man Schluss machen"* (Walter Ulbricht)

Beatmusik in der DDR

1963 traten die Beatles mit ihrem ersten Hit "I Want to Hold Your Hand" ihren Siegeszug in der Welt der

Pop-Musik an. Zwei Jahre später folgten die Rolling Stones mit ihrem Hit "I Can´t Get No Satisfaction", der zur Hymne der antiautoritären Jugend- und Protestbewegung in der ganzen Welt wurde. In den folgenden Jahren sprossen zahlreiche Bands aus dem Boden, die verschiedene Stilrichtungen der Rock-Musik kreierten. Von 15. bis 17. August 1969 fand im US-Bundesstaat New York das legendäre Woodstock-Festival statt, bei dem die wichtigsten Bands aus den USA und Großbritannien auftraten. Dieses Festival, von dem es schon bald Film- und Tonaufzeichnungen gab, wirkte elektrisierend auf die Jugend der ganzen Welt. Die kommunistischen Staaten konnten nicht verhindern, dass die rebellischen Töne über den Eisernen Vorhang wehten und die Jugendlichen mit dem westlichen Musik- und Lebensgefühl infizierten. Vor allem in der DDR, die an der Nahtstelle der Blockkonfrontation lag, nahm die Jugend die Beatmusik des Westens begierig auf. Zahlreiche Amateurbands spielten die Hits der Beatles, der Rolling Stones, der Beach Boys und der Doors. Die kommunistische Staatsführung der DDR versuchte alles, um den "zersetzenden Einfluss", der aus dem Westen in den Arbeiter- und Bauernstaat schwappte, zurückzudrängen. Berühmt wurde das 11. Plenum des ZK der SED vom 16. bis 18. Dezember 1965, das als "Kahlschlag-Plenum" in die Geschichte einging. Das Politbüro-Mitglied Erich Honecker warf den Künstlern in der DDR vor, der Jugend durch "Nihilismus", "Dekadenz'" und "Pornographie" ein schlechtes Vorbild zu geben. Bei derselben Tagung profilierte sich der 1. Sekretär des ZK Walter Ulbricht als Beat-Experte, als er sagte: *"Ist es denn wirklich so, dass wir jeden Dreck, der vom Westen kommt, nu kopieren müssen? Ich denke, Genossen, mit der Monotonie des Je-Je-Je, und wie das alles heißt, ja, sollte man doch Schluss machen."* - Nach diesem ZK-Plenum wurden die Zügel der Kulturpolitik straffer angezogen. Zahlreiche Bücher, Theaterstücke, Filme und Musikgruppen wurden verboten. Besonders die zahlreich aus dem Boden gesprossenen Beatbands waren dem Politbüro der SED ein Dorn im Auge. Als es im September 1965 bei einem Konzert der Rolling Stones in der West-Berliner Waldbühne zu Ausschreitungen kam, verschärfte die DDR-Führung ihren Kurs gegenüber der Beatbewegung entscheidend. Nachahmeffekte bei ihrer Jugend sollten unter allen Umständen verhindert werden. Ab 15. November 1965 benötigte jede freie Musikgruppe für öffentliche Auftritte eine staatliche Spielgenehmigung. Sie konnte jederzeit widerrufen werden, wenn die Songs "obszöne" Texte enthielten oder wenn es bei den Konzerten zu "staatsfeindlichen Provokationen" von Jugendlichen kam. Fortan standen die Beatbands unter strenger ideologischer Kontrolle. Feindbild der Kommunisten waren vor allem "Rowdygruppen" und "Gammler". Das "Neue Deutschland", die Zeitung der SED, hetzte gegen DDR-Jugendliche, die die *"Gammler westdeutscher Prägung nachahmen, die dort auf Straßen und Plätzen herumlungern, herumpöbeln und herumrempeln. Ihr Anblick bringt das Blut vieler Bürger in Wallung:*

Besonders rigoros gingen die Aufsichtsbehörden gegen die Musikszene in Leipzig vor. Von 56 registrierten Bands erhielten nur noch neun eine Spielerlaubnis. Fünf von ihnen wurden ganz verboten, darunter die populären "Butlers". Das restriktive Vorgehen der Behörden löste die „Leipziger Beatdemo" vom 31. Oktober 1965 aus. Einige hundert Jugendliche versammelten sich ohne Genehmigung in der Leipziger Innenstadt, um gegen diesen Akt staatlicher Willkür zu protestieren. Die Staatssicherheit schlug hart zu. 279 Jugendliche wurden verhaftet und teilweise zu Zwangsarbeit im Kohlebergbau verurteilt. Den Beatgruppen in anderen Städten ging es nicht besser. 1966 löste sich die populäre Berliner Band "Sputniks", die als "Beatles des Ostens" galten, unter dem Druck der Behörden freiwillig auf. In der Folge setzten sich führende Mitglieder von Beatbands in den Westen ab. Andere passten sich an und spielten nur noch Musik zu Texten mit unpolitischem Inhalt.

Nach dem Mauerfall kam es zur friedlichen Vereinigung der Beatfans aus Ost- und West-Berlin. Die britische Rockband Pink Floyd spielte 1990 bei einem Open-Air-Konzert am Potsdamer Platz die Titel aus ihrem Album "The Wall". Rund 300.000

Zuhörer versammelten sich auf dem ehemaligen Todesstreifen zwischen Brandenburger Tor und Leipziger Platz. Das Konzert war ein später Triumph für all diejenigen, die in der DDR in der freien Musikszene gewirkt und einem freien Lebensgefühl Ausdruck verliehen haben.

Verkehrswege: Keine freie Fahrt für freie Bürger

Transitverkehr

Im Potsdamer Abkommen, das die vier Siegermächte 1945 schlossen, wurde geregelt, dass Deutschland während der Zeit der Besatzung als wirtschaftliche Einheit zu betrachten sei. Das schloss den freien Verkehr zwischen den vier Besatzungszonen ein. Der Verkehr zwischen West-Berlin und der späteren Bundesrepublik Deutschland sollte auf drei Transitstrecken erfolgen, einer nördlichen nach Hamburg, einer mittleren nach Hannover und einer südlichen nach Nürnberg. Als sich abzeichnete, dass die drei Westzonen Deutschlands gewillt waren, einen marktwirtschaftlichen Kurs einzuschlagen, dem auch West-Berlin zu folgen beabsichtigte, nahm die Konfrontation zwischen der sowjetischen Besatzungsmacht und den drei Westalliierten erheblich zu. Ausdruck der Spannungen war die Blockade West-Berlins durch die Sowjetunion von 24. Juni 1948 bis 12. Mai 1949. Alle Land- und Wasserverbindungen zwischen West-Berlin und den drei Westzonen wurde mit militärischen Mitteln blockiert. Um die West-Berliner mit lebenswichtigen Gütern zu versorgen, starteten die USA und Großbritannien die sog. Luftbrücke. Flugzeuge flogen im Stundentakt nach West-Berlin und wurden auf dem Flugplatz Tempelhof entladen. Der Ansehensverlust des Kommunismus war so groß, dass die Sowjetunion die Blockade schließlich aufgab. 1971 kam das Viermächteabkommen über Berlin zustande. Darin garantierte die Sowjetunion den ungehinderten Transitverkehr auf Straße, Schiene, zu Wasser und in der Luft zwischen der BRD und West-Berlin. Im Transitabkommen, das die beiden deutschen Staaten 1971 schlossen, wurde der ungehinderte Waren- und Personenverkehr auf den drei Transitstrecken garantiert und technisch geregelt. Die BRD verpflichtete sich, für die Straßen eine Nutzungsgebühr zu entrichten. Die Grenzkontrollen oblagen der Grenzpolizei der DDR. Die DDR-Regierung bestand auf strengen Regeln, um unliebsame Kontaktaufnahmen zwischen den Bürgern beider deutscher Staaten zu verhindern. So war den Transitreisenden jedes Verlassen der Transitstraßen – etwa für Ausflüge zu Sehenswürdigkeiten – strikt untersagt. Die Strecke war möglichst ohne Unterbrechungen zurückzulegen. Lediglich kurze Aufenthalte an den Autobahnrastplätzen waren erlaubt, um zu tanken oder in den Mitropa-Gaststätten einen Imbiss einzunehmen. Verabredete Treffen mit DDR-Bürgern waren nicht erlaubt. Wenn ein Bürger der BRD oder

West-Berlins auf der Transitautobahn eine Autopanne hatte, hielt die Volkspolizei Autos mit Westkennzeichen an und zwang die Fahrer, das havarierte Fahrzeug an den Haken zu nehmen und ins Bundesgebiet oder nach West-Berlin zu schleppen. Diese Regelungen hatten bis zur Wiedervereinigung 1990 Bestand.

Interzonenzüge, Transitzüge

Nach der Teilung Deutschlands 1945 in vier Besatzungszonen wurde der Schienenverkehr in ganz Deutschland weitgehend aufrechterhalten. Zwischen der sowjetischen Besatzungszone und den drei Westzonen verkehrten ab 1946 sog. Interzonenzüge, die von der Deutschen Reichsbahn der SBZ (später der DDR) betrieben wurden. Nach 1972 wurden sie auch Transitzüge genannt. Die Interzonenzüge fuhren von Ost-Berlin nach Hamburg, Düsseldorf, Köln und München. Auf dem Gebiet der SBZ/DDR wurden diese Züge auch für den Binnenverkehr genutzt. Pro Tag gab es auf jeder Strecke nur ein bis zwei Zugpaare. Nach dem Mauerbau 1961 wurden an den Grenzbahnhöfen der DDR strenge Personenkontrollen eingeführt. DDR-Grenzpolizisten stiegen in die Züge ein und kontrollierten penibel die Personalpapiere aller Reisenden.

Am 3. Juni 1972 trat zwischen der BRD und der DDR das „Transitabkommen" in Kraft. Wichtigste Neuerung war die Vereinfachung der schikanösen Personenkontrollen, die zuvor zu langen Aufenthalten an den Grenzen geführt hatten. Gepäckstücke durften gar nicht mehr untersucht werden. Die Kosten für den Betrieb der „Transitzüge" wurden in der Folge von der Bundesrepublik Deutschland pauschal übernommen. Auch hier bewährte sich das Geschäftsmodell der DDR-Regierung: Menschliche Erleichterungen gegen Geld. Die DDR-Führung befürchtete, dass die Reduzierung der Kontrollen dazu führen könnte, dass sich DDR-Bürger in den Zügen versteckten, um in den Westen zu fliehen. Deshalb wurden die Aufenthalte auf DDR-Gebiet auf betriebstechnische Notwendigkeiten beschränkt. Bei solchen technisch bedingten Aufenthalten sicherte die Transportpolizei der DDR das Areal um die Züge weiträumig ab, um ein unerlaubtes Aufspringen auf die Züge zu verhindern.

Auch am Tag des Mauerbaus, dem 13. August 1961, waren verschiedene Transitzüge zwischen dem Bundesgebiet und der DDR unterwegs. Alles verlief in den Zügen normal, bis sich unter den Fahrgästen das Gerücht verbreitete, in Berlin sei Ungeheuerliches im Gange: In der Nacht zum 13. August habe die DDR-Regierung damit begonnen, die Sektorenübergänge nach West-Berlin mit Stacheldrahtverhauen und Panzersperren abzuriegeln. Diese Meldung war ab den frühen Morgenstunden des 13. August von westdeutschen Radiosendern verbreitet worden. Ende der 1950er Jahre war das Transistorradio erfunden worden. Diese Technik ermöglichte den Bau kleiner, kompakter Radiogeräte, die bald auch transportabel waren. Die

Firma Nordmende brachte ein tragbares Gerät auf den Markt, das den Markt in der BRD eroberte. Als in den Transitzügen Fahrgäste die Nachricht vom Bau einer Mauer in Berlin in ihren Radios gehört hatten, verbreitete sich diese Botschaft wie ein Lauffeuer im ganzen Zug. Die Menschen aus der DDR, die dabei waren, in ihre Heimat zurückzufahren, wurden mit der Frage konfrontiert, ob sie in ein abgeriegeltes Land zurückkehren wollten, von dem aus sie vielleicht niemals mehr in den freien Westen reisen konnten. Schicksalhafte Entscheidungen wurden binnen kürzester Zeit getroffen. Familien trennten sich, die linientreue Ehefrau fuhr in die DDR zurück, während der freiheitsliebende Mann im Westen blieb. Auch Kinder wurden zwischen den Ehepartnern aufgeteilt. Eine ostdeutsche Musik-Band, die in München auf Tournee gewesen war, trennte sich im Interzonenzug. Eine Lokführerin der DDR-Reichsbahn stieg auf der Strecke München - Berlin auf dem letzten westdeutschen Bahnhof Ludwigsstadt aus und blieb in Bayern. Wer mit Sicherheit wieder in die DDR zurückfuhr, waren die Mitarbeiter der Staatssicherheit, die auch in den Interzonenzügen ihren Dienst als „Kundschafter des Friedens" versahen. Dieses Phänomen konnte man auch nach dem Mauerfall am 9. November 1989 beobachten. Nachdem die Grenze nach West-Berlin offen war, unterbrachen Lehrerkollegien und Betriebsbelegschaften spontan die Arbeit, um den ersten Schritt auf West-Berliner Boden zu setzen. Zurück blieben immer diejenigen, die für die Staatssicherheit arbeiteten. Ihnen war der Grenzübertritt auf das Territorium des Klassenfeinds nur in dienstlichem Auftrag erlaubt. Viele DDR-Bürger erfuhren auf diese Weise zum ersten Mal, welche Kollegen und Freunde für die „Firma", wie die Stasi im DDR-Jargon genannt wurde, gespitzelt hatten.

Einreisen in die DDR

Seit der Staatsgründung im Jahre 1949 lebte die DDR-Führung in der ständigen Angst, westdeutsche Agenten könnten die DDR infiltrieren und einen Systemwechsel provozieren. Hintergrund dieser Angst war die ökonomische Schwäche der DDR, die nach ihren kommunistischen Reformen - der "Kollektivierung" der Landwirtschaft und der Verstaatlichung privater Betriebe - immer weiter hinter der leistungsfähigen BRD zurückblieb. Ausdruck der Angst vor feindlicher Infiltration war ein rigides System der Visumgewährung für Bürger der BRD und West-Berlins. Bei der Visumerteilung unterschied die DDR strikt zwischen Bürgern der BRD und Bürgern West-Berlins. Grund dafür war das Bestreben, die faktische Zugehörigkeit West-Berlins zum Bundesgebiet zu torpedieren. West-Berlin sollte nach den Vorstellungen des Ostblocks in eine "Freie Stadt" umgewandelt werden, die ihre Verbindungen zur BRD kappt. Da dieses neue Gebilde dann sehr stark in die Abhängigkeit von der DDR geriete, wäre die langfristige Perspektive eines Anschlusses an den Sozialismus gegeben. Während BRD-Bürger bei Vorlage eines gültigen Reisepasses ihr Einreisevisum direkt an der Grenzübergangsstelle erhielten, mussten West-Berliner Bürger einen "Berechtigungsschein zum Empfang eines Visums der DDR" beantragen. Dieses Visum galt allerdings nur für das Stadtgebiet von Ost-Berlin. Da die DDR Bundesreisepässe von West-Berlinern nicht anerkannte, mussten die Behörden West-Berlins extra "Behelfsmäßige Berliner Personalausweise" ausstellen. Für die Überprüfung der Anträge und die Ausstellung der Berechtigungsscheine unterhielt das Ministerium für Staatssicherheit der DDR in West-Berlin fünf "Büros für Besuchs- und Reiseangelegenheiten". Alle Einreisevisa nach Ost-Berlin und in die DDR galten grundsätzlich nur für 24 Stunden. Bis Mitternacht des Besuchstages musste man die Grenze Richtung Westen wieder passiert haben. Nur wenn man eine Einladung von Verwandten in der DDR nachweisen konnte, waren Mehrtagesaufenthalte möglich, für die es ein besonderes Visum gab. Diese extrem restriktiven Einreisebestimmungen verfolgten den Zweck, das Gefühl der Zusammengehörigkeit zwischen Ost- und Westdeutschen zu schwächen, um dem zweiten deutschen Staat eine eigene patriotische Legitimation zu verschaffen. Das Nationalgefühl der Deutschen sollte durch ein Nationalgefühl für die DDR ersetzt werden. Zu diesen Bestrebungen gehörte, dass die DDR-Hymne „Auferstanden aus Ruinen" ab 1970 nur noch in der Instrumentalfassung gespielt wurde, weil im Text des Dichters Johannes R. Bechere die anstößigen Zeilen vorkamen: „...*lass uns dir zum Guten dienen, Deutschland, einig Vaterland*".

Wie der nationale Taumel während der Wendezeit zeigte, war es ein vergebliches Bemühen der DDR-Führung gewesen, das Nationalgefühl der Ostdeutschen zu unterdrücken. Aus der Losung „Wir sind das Volk" wurde die Parole „Wir sind ein Volk".

Binnenschifffahrt in der DDR

Bei Kriegsende 1945 wurden auf dem Territorium der Sowjetischen Besatzungszone (SBZ) die in privater Hand befindlichen Binnenschiffe in „volkseigenen" Besitz überführt, also verstaatlicht. Zur Abwicklung der Transporte über die Binnenwasserstraßen wurde 1946 die „Arbeitsgemeinschaft Binnenschifffahrt" gegründet, die in den 1950er Jahren in einzelne Zweige aufgegliedert wurde: in die VEB Binnenhäfen, die VEB Deutsche Binnenreederei (DRB) und die VEB Fahrgastschifffahrt und Reparaturwerft. Die Schiffsflotte, die der DDR verblieb, war klein, weil die Sowjetunion nach der Niederlage Deutschlands zahlreiche Schiffe über die Ostsee nach Russland schleppen ließ. Sie waren Teil der über die SBZ verhängten Reparationsleistungen. Ab 1965 erfolgte die Umstellung der Flotte auf die moderne Schubschifffahrt. Schubbote („Schuber") sind schiebende Schiffe, die selbst keine Ladung befördern. Der Vorteil dieser Transportart liegt in ihrer Flexibilität und der Möglichkeit, die zu schiebenden Ladungsbehälter („Leichter") ähnlich den Containern der transkontinentalen Schifffahrt zu normieren. Der gängigste Schuber-Typ der DDR-Binnenflotte war das Kanalschubschiff Typ 190 Z, auch kurz KSS 23 genannt. Von 1965 bis 1988 wurden insgesamt 139 Schubschiffe von den DDR-Werften an die Flotte ausgeliefert. Nach der Wiedervereinigung wurden die verbliebenen Schiffe in die Deutsche Binnenreederei AG überführt, die 2007 von der polnischen Reederei Odratrans S.A., heute OT Logistics S.A. übernommen wurde.

Historischer Hafen Berlin

Im 13. Jahrhundert entwickelten sich an der Spree die beiden Schwesterstädte Berlin und Cölln. Das Stadtrecht, das sie von den askanischen Markgrafen erhielten, führte zu einem wirtschaftlichen Aufschwung. 1709 fasste der preußische König Friedrich I. die Städte Berlin, Cölln, Friedrichswerder, Dorotheenstadt und Friedrichstadt zu einer Stadt zusammen, der er den Namen „Haupt- und Residenzstadt Berlin" gab. An der heutigen Mühlendammschleuse nahe der Fischerinsel entstand der erste Hafen Berlins, von dem aus die Binnenschifffahrt in Berlin und Brandenburg betrieben wurde. Bei der Teilung Berlins 1945 wurde das Wassernetz in Berlin zerschnitten. Schiffe, die z.B. von Hennigsdorf nach Ost-Berlin fahren wollten, mussten einen riesigen Umweg über die Oder nehmen. Anfang der 1950er Jahre baute die DDR den Havelkanal, der die Oberhavel bei Hennigsdorf mit der Unterhavel bei Ketzin verband. Damit konnte West-Berlin umfahren werden. Der historische Hafen in Berlin hatte in allen Gesellschaftssystemen Bestand. Nach der Wiedervereinigung Deutschlands

1990 gab es bei Historikern und Schiffsliebhabern den Wunsch, den historischen Hafen Berlins als Museum zu gestalten und der interessierten Öffentlichkeit zugänglich zu machen. 1994 gründete sich der Verein „Berlin-Brandenburgische Schifffahrtsgesellschaft e.V.“, der die Dauerausstellung betreut. Er hat sich zum Ziel gesetzt, das maritime Erbe zu pflegen, indem er die Restaurierung alter Schiffe unterstützt. Er leistet dadurch einen Beitrag zur Denkmalpflege in Berlin.

Weiße Flotte

1888 gründete der Stettiner Kaufmann Gustav Krokisius die „Berliner und Stralauer Dampfschiffahrt-Gesellschaft“ und gab ihr den Namen „Spree-Havel-Dampfschiffahrt-Gesellschaft ‚Stern‘“. Der Wirtschaftsaufschwung in der Gründerzeit seit der Reichsgründung 1871 schuf einen Mittelstand, der seinen Wohlstand gerne in der Öffentlichkeit präsentierte. Schiffsausflüge in die weitverzweigte Wasserwelt Berlins und Brandenburgs kamen in Mode. Die „Sterndampfer“ fuhren Ziele in der natürlichen Umgebung der boomenden Großstadt Berlins an (Berliner Jargon: „Jehn wa in` t Jrüne!“). Im Jahr 1934 fusionierte die Dampfschiffahrt-Gesellschaft mit der „Teltower Kreisschiffahrt“ zur „Stern und Kreisschiffahrt“ der Teltowkanal AG. Als sich nach dem Ende des Zweiten Weltkriegs die „Sowjetische Besatzungszone“ von den drei westlichen Zonen abspaltete, waren der „Stern und Kreisschiffahrt“ die östlichen Gewässer verschlossen.

Nach der deutschen Wiedervereinigung gab es auch eine Vereinigung der 47 Jahre lang getrennten Ausflugsflotten. Durch Fusion mit der Ost-Berliner „Weißen Flotte" entstand wieder die „Stern und Kreisschiffahrt". Heute hat die Gesellschaft 32 Fahrgastschiffe im Einsatz. Die bekanntesten und populärsten sind die „Havel Queen" und die „Mobby Dick".

Bankrotterklärung eines Wirtschaftssystems

Bis zu ihrem Untergang gab die DDR-Führung stets vor, eine leistungsfähige Volkswirtschaft zu besitzen. Viele westliche Experten glaubten dies, weil sie keinen Einblick in die Betriebe hatten und weil die Staatliche Plankommission die veröffentlichten Wirtschaftszahlen schönte. So rangierte die DDR in der medialen Berichterstattung unter den zehn stärksten Volkswirtschaften der Welt - bis es im Jahr 1989 ein böses Erwachen gab. Einige wenige westliche Ökonomen hegten allerdings schon früh Zweifel, ob die DDR wirtschaftlich tatsächlich so stark war, wie sie stets behauptete. Sie kamen zu dem Schluss, dass die DDR-Wirtschaft alles andere als leistungsfähig war. Die Zunahme der Fluchtzahlen Ende der 1980er Jahre musste ja eine Ursache haben. Der DDR-Ökonomie gelang es immer weniger, die Bedürfnisse der Menschen nach hochwertigen Konsumgütern, die es im Westen im Überfluss gab, zu befriedigen. Es entbehrt nicht einer gewissen Ironie, dass der höchste

Wirtschaftsplaner schließlich selbst die Schwächen der DDR-Wirtschaft eingestand. Am 30. Oktober 1989 erstattete Gerhard Schürer, seines Zeichens Vorsitzender der DDR-Plankommission, dem Politbüro einen schonungslosen Bericht über die wirtschaftliche Lage der DDR. Er liest sich wie ein Offenbarungseid. *„Es ist eine grundsätzliche Änderung der Wirtschaftspolitik der DDR verbunden mit einer Wirtschaftsreform erforderlich.* Die grundlegende Aufgabe der neuen Wirtschaftspolitik besteht darin, Leistung und Verbrauch wieder in Übereinstimmung zu bringen. Es kann im Inland nur das verbraucht werden, was nach Abzug des erforderlichen Exportüberschusses für die innere Verwendung als Konsumtion und Akkumulation zur Verfügung steht.“* (Unterstreichung im Original) - Diese Sätze haben es in sich. Sie formulieren nichts anderes als die Gesetzmäßigkeit einer marktwirtschaftlich organisierten Volkswirtschaft: Es kann nur das verbraucht werden, was zuvor erwirtschaftet worden ist. Es ist - neun Tage vor dem Mauerfall - die Einkehr des Realitätsprinzips in die Wirtschaftsplanung der DDR. Wenn die Not groß ist, greift man zu radikalen, auch systemfremden Maßnahmen: Die zentrale Planung sollte nach Schülers Plan zugunsten einer Stärkung der Eigenverantwortung der Betriebe zurückgenommen werden. *„Die Rolle des Geldes als Maßstab für Leistung, wirtschaftlichen Erfolg oder Misserfolg ist wesentlich zu erhöhen. Der Wahrheitsgehalt der Statistik und Information ist auf allen Gebieten zu gewährleisten.“* Auch hier wird mit liebgewonnenen Methoden der sozialistischen Wirtschaftsführung gebrochen. Materielle Anreize - eigentlich eine verpönte Methode des Kapitalismus - sollen verstärkt eingesetzt werden. Die Fälschung von Statistiken soll ein Ende haben.

Das bittere Fazit des Berichts lautete: Die DDR bewegt sich auf den Bankrott zu, weil die Auslandsschulden bald nicht mehr bedient werden können. Wollte die DDR die Verschuldung radikal stoppen, indem sie alle Verbindlichkeiten begleicht, würde das eine Absenkung des Lebensstandards der DDR-Bürger um bis zu 30 Prozent bedeuten. Die DDR erhoffte sich Unterstützung durch die BRD. 1983 stand die DDR schon einmal vor dem Staatsbankrott. Damals half ihr Helmut Kohl durch einen Kredit in Höhe von einer Milliarde DM aus der Klemme. Den Kredit hatte ausgerechnet Franz Josef Strauß von der CSU, ein scharfer ideologischer Gegner der SED, eingefädelt. Als Gegenleistung baute die DDR-Regierung die Selbstschussanlagen an der innerdeutschen Grenze ab, die Flüchtlinge mit Splitterbomben getötet hatten. Für die DDR ein profitables Geschäftsmodell: Geld gegen menschliche Erleichterungen. Im Herbst 1989 ging es allerdings um ganz andere Dimensionen. Die DDR brauchte zum Überleben mindestens 10 Milliarden Euro. Das war dann auch die Summe, die der spätere SED-Chef Hans Modrow nach dem Mauerfall von Helmut Kohl verlangte. Als Köder versprach Schürer, dass die innerdeutsche Grenze in absehbarer Zeit ihre trennende Funktion verlieren könnte. Neun Tage später schufen die Bürger Ost-Berlins mit dem Sturm auf die Grenzanlagen an der Mauer vollendete Tatsachen. Damit war auch dieser Bericht Makulatur. Der Drang der Bürger der DDR, die Wiedervereinigung zu verwirklichen, war so groß, dass alle Versuche von SED und Teilen der Bürgerbewegung (Neues Forum), die Eigenständigkeit der DDR zu verteidigen, scheiterten. Am 1. Juli 1990 wurde die Währungs- und Sozialunion verwirklicht, am 3. Oktober 1990 die Wiedervereinigung.

Der Rechenschaftsbericht von Gerhard Schürer ist ein wichtiges historisches Dokument. Der Bericht zeigt, wie ein Wirtschaftssystem an seinen eigenen Prämissen scheitert und schließlich auf den Abgrund zusteuert. Der verfemte Kapitalismus, der sich als effektiveres Wirtschaftssystem erwiesen hatte, musste schließlich rettend eingreifen und den ökonomischen und sozialen Kollaps der DDR-Gesellschaft verhindern.

Mauer–Blüten: Skurriles im Schatten der Mauer

Ost-Pakete in den Westen

Jedem ist geläufig, dass die Westdeutschen ihren Verwandten in der DDR regelmäßig Pakete schickten, um sie auf diese Weise am höheren Lebensstandard in der BRD teilhaben zu lassen. Waren, die in keinem Paket fehlen durften, waren Kaffee, Schokolade, Pralinen und Kosmetikartikel.

Auch hochwertige Bekleidung kam im Osten gut an. Die Forschung geht davon aus, dass in den 1980er Jahren jährlich 25 Millionen Pakete den Weg von West nach Ost zurücklegten. Volkswirtschaftler schätzen den Warenwert dieser Pakete auf fünf Milliarden DM pro Jahr. Vor allem der Kaffee schlug für die DDR-Wirtschaft positiv zu Buche. Sie sparte 12.000 Tonnen Röstkaffee, die sie ohne die West-Pakete zur Stillung des Bedarfs auf dem internationalen Kaffeemarkt hätte einkaufen müssen. Auch bei der Damenkollektion war der volkswirtschaftliche Gewinn enorm. Die DDR brauchte fünf Millionen Damenblusen nicht zu produzieren, weil sie in den privaten Paketen an die Kundschaft frei Haus geliefert wurden. Die Staatssicherheit sah in den Paketen aus dem Westen natürlich auch ein Einfallstor für Sabotage und Propaganda. Deshalb wurden die Pakete mit Röntgenapparaten durchleuchtet und bei Verdacht geöffnet. Um den Berg an Paketen - täglich waren es bis zu 4.000 Stück - bewältigen zu können, wurden studentische Hilfskräfte eingesetzt. Vor Weihnachten wurde buchstäblich wie am Fließband durchleuchtet.

Wenig bekannt ist, dass sich die DDR-Bürger für die Geschenke aus dem Westen mit eigenen Paketen revanchierten. Da sie keine hochwertigen Nahrungsmittel und Bekleidungsartikel schicken konnten, verpackten sie regionale Besonderheiten, wie z.B. Weihnachtspyramiden aus dem Erzgebirge oder Spreewaldgurken. Auch Bücher von Autoren, die nur im Osten verlegt wurden, bekamen die

Westverwandten geschenkt. Natürlich hat auch das Bundesamt für Verfassungsschutz ein Auge auf die Pakete aus dem Osten geworfen. Viele der Pakete, die aus der DDR in die BRD geschickt wurden, wurden von dem Amt kontrolliert. Es gab mehrere große Umschlagstellen der Post, an denen die Kontrollen vorgenommen wurden. Die bekannteste war die für die Region Hannover-Braunschweig, weil dort die meisten Päckchen aus dem Osten ankamen. Ziel der Kontrollen war die Enttarnung von Spionen und Agenten im Sold der DDR. Bevorzugtes Kontrollobjekt waren Bücher, weil man mit ihnen leicht verschlüsselte Botschaften übermitteln kann. Wie viele DDR-Agenten auf diese Weise enttarnt wurden, ist nicht bekannt. Nach der Wiedervereinigung wurden die Kontrolleure in Ost und West arbeitslos, weil es den sozialistischen Staat, den es zu schützen galt oder von dem hätte Gefahr ausgehen können, nicht mehr gab.

Eine neue Mauer

Als die DDR 1961 die Mauer quer durch Berlin baute, entstand im Herzen der Stadt am Potsdamer Platz ein Kuriosum. Das zu Ost-Berlin gehörende Areal zwischen Lennéstraße, Bellevuestraße und Ebertstraße ragte wie ein spitzes Dreieck nach West-Berlin hinein. Für den Verlauf der Mauer wählten die Grenztruppen aus bautechnischen Gründen eine Abkürzung entlang der Ebertstraße. Um deutlich zu machen, dass der Zwickel nach wie vor zu Ost-Berlin gehörte, umgab ihn der Ost-Berliner Magistrat mit einer Umzäunung. West-Berliner Bürger traten den Zaun nieder und schufen Trampelpfade zur Abkürzung zwischen Lenné- und Bellevuestraße. 1988 schloss der West-Berliner Senat mit Ost-Berlin eine Vereinbarung über einen Gebietsaustausch. Das "Lenné-Dreieck" genannte Gebiet ging an West-Berlin. Im Gegenzug bekam Ost-Berlin eine 87,3 Hektar große Fläche am heutigen Mauerpark im Bezirk Pankow. Durch diese Regelung wurde dort die Sektorengrenze auf einer Länge von 1,2 Kilometern um 50 Meter in den Westen verschoben. Ost-Berliner Grenztruppen fingen sofort nach dem Gebietstausch an, die neue Demarkationslinie zu West-Berlin durch eine neue Mauer zu befestigen. West-Berliner Gewerbebetriebe, vor allem Schrott- und Kohlehändler, die auf dem Streifen ihr Domizil hatten, mussten das Areal in großer Eile verlassen. Als am 9. 11. 1989 die Berliner Mauer fiel, war der Bau der neuen Mauer zwischen Pankow und Wedding noch in vollem Gang. Die Berliner duldeten jedoch nach dem Fall der alten keine neue Mauer. Am 10. 11. 1989 wurden auch in die neue Mauer die ersten Löcher geschlagen. Schon im Dezember 1989 flanierten die Bürger auf dem Streifen Land, der für kurze Zeit zum Todesstreifen geworden war. Heute liegt auf diesem Gelände, das auf kuriose Weise innerdeutsche Geschichte geschrieben hat, der Mauerpark. Er wurde vom Hamburger Landschaftsarchitekten Gustav Lange gestaltet und symbolträchtig am 9. November 1994 eröffnet. Der Park wird vor allem von Jugendlichen als Partyzone benutzt. Ein buntes Völkchen aus Freizeitfußballern, Boule-Spielern, Musikern und Akrobaten hat den früheren Todesstreifen in einen Ort der Lebensfreude verwandelt.

Eroberung des „Antifaschistischen Schutzwalls", Joris an der Spitze (November 1989)

Wie ich den Mauerfall erlebte: *„Wahnsinn! Wahnsinn!"*

Im August 1989 trat ich meine neue Stelle als Deutsch- und Geschichtslehrer an der Schulfarm Insel Scharfenberg an. Das städtische Gymnasium mit angeschlossenem Internat liegt idyllisch auf der größten Insel im Tegeler See: Scharfenberg. Die Pädagogik der Schule orientierte sich an der Reformpädagogik der 1920er Jahre. Zu meiner Zeit beteiligten sich alle Lehrkräfte zusätzlich zu ihrer Unterrichtsverpflichtung an der Internatsbetreuung. Als Geschichtslehrer verfolgte ich natürlich, wie sich die Ereignisse in der DDR ab dem Sommer 1989 überschlugen. Die Vorzeichen einer dramatischen Zeitenwende waren unübersehbar: riesige Fluchtbewegungen der DDR-Bürger gen Westen, Demonstrationen in vielen Städten der DDR, vor allem die Montagsdemonstrationen in Leipzig, die Gründung von Oppositionsgruppen wie dem Neuen Forum und der Sturz Erich Honeckers durch das SED-Politbüro am 17. Oktober 1989. An den Tag des Mauerfalls kann ich mich noch gut erinnern. Am 9. November 1989, einem Donnerstag, hatte ich Nachtdienst im Internat. Die Schüler gingen nach ihrem Alter gestaffelt zu Bett. Die beiden Lehrer, die des Nachts im Internat Dienst versahen, kontrollierten in den Schlafzimmern die Vollzähligkeit der Bewohner. Als ich gegen 21 Uhr mit meiner Taschenlampe an einem

Lehrerwohnhaus vorbeiging, öffnete der Kollege das Fenster und rief mich in sein Wohnzimmer. Er hatte den Fernseher laufen und sagte fassungslos: "Die Mauer ist offen, das ist ja Wahnsinn." - Ich brach meinen Kontrollgang ab und schaute mit ihm und seiner Frau bis gegen Mitternacht das Live-Programm des SFB (Sender Freies Berlin). Am nächsten Morgen versammelte der Schulleiter nach dem Frühstück alle Schüler in der Aula und gab bekannt, dass heute der reguläre Unterricht ausfällt und stattdessen alle Klassen in Begleitung zweier Lehrer an verschiedene Grenzkontrollpunkte gehen, um die Maueröffnung live zu erleben.

Volkspolizisten der DDR im entspannten Gespräch auf der Mauer (November 1989)

In diesen Tagen geschah etwas, wovon Geschichtslehrer immer träumen. Vor unser aller

Augen ereignete sich Geschichte. Ich erklärte meinen Schülern, dass wir jetzt ein ähnliches Erlebnis haben, wie es Goethe bei der Schlacht von Valmy am 20. September 1792 hatte. Damals sagte er: *"Von hier und heute geht eine neue Epoche der Weltgeschichte aus, und ihr könnt sagen, ihr seid dabei gewesen."* - Dieses Wort hat sich nach der Maueröffnung tatsächlich bewahrheitet. Das kommunistische Imperium löste sich auf, die Staaten des Warschauer Pakts wurden selbstständige Nationen. Viele wandten sich dem Westen zu und wurden Mitglied in der NATO und der Europäischen Union.

Bis heute gilt die Frage als geflügeltes Wort: "Kannst du dich noch daran erinnern, wie du am 9. November 1989 den Fall der Berliner Mauer erlebt hast?"

Quellen

Online-Lexikon Wikipedia
Website „Chronik der Mauer"
DVD „Das Jahr der Freiheit" (von Guido Knopp,
WELT-Edition, ZDF 2009)

Fotoanhang

Die Mauer am Brandenburger Tor: Bald danach wurde sie abgeräumt.

Die Mauer am Potsdamer Platz: „Mauerspechte" bei der Arbeit

Alle wollen erleben, wie die Mauersegmente von einem Kran in die Höhe gehoben werden.

Der historischen Sensation möglichst nahe sein!

Die Piktogramme auf der Mauer werden „beredt": Hier geht´s lang!

Die Mauer an der Niederkirchnerstraße: Die ganze Familie meißelte mit.

Auch ich beteiligte mich an der Eroberung historisch wertvoller
Souvenirs.

Am Checkpoint Charlie: Historisches und Privates werden entsorgt.

Phillip an historischer Stätte (Checkpoint Charlie)

Am Checkpoint Charlie: Jesus Christus überwindet Grenzen.

Zählkarte

Familienname Denzin

Vorname Dagmar

Geburtsdatum 27. 12. 44

Nummer des Reisedokumentes

Wohnort

Straße Haus-Nr.

Anzahl der mitreisenden Kinder bis 16 Jahre zwei K/KLB

Kennzeichen des Kfz

Bitte vor Verlust schützen, vollständig und gut lesbar ausfül-
len und bei der Ausreise aus der DDR der Paßkontrolle über-
geben.

Ein Reisedokument der DDR, das nur wenige Tage Gültigkeit besaß.
Die Geschichte eilte der Bürokratie davon.

Volkspolizist noch auf seinem Beobachtungsposten. Im Hintergrund die Kirche St. Michael

Sankt-Michael-Kirche und Wachturm – was wird länger stehen?

Maueröffnung in Heiligensee. Stolpe und Nieder-Neuendorf wachsen
wieder mit West-Berlin zusammen.

Zwei Damen studieren das Graffiti.

Jetzt kann auch die Ostseite der Mauer mit Graffiti verziert werden.
Das Strichmännchen wird berühmt.

Der einst mächtige Chef des Politbüros ist Geschichte. Dem tiefen Sturz folgt der Spott.

Graffiti-Künstler müssen sich beeilen. Denn die Mauer wird zügig abgebaut.

Sieger der Geschichte: „Peace Man"

Der West-Berliner Senat wirbt für Diversität. Die Ostdeutschen hatte er dabei nicht auf dem Zettel.

Der Fernsehturm in ungewohnter Perspektive

Warnung umsichtiger DDR-Bürger an West-Besucher in der DDR-Grenzgemeinde Pirk vor Schlaglöchern auf den Straßen. dpa-Bildfunk

Die ostdeutsche Zivilgesellschaft erwacht: Bürgerwarnung vor Straßenschäden

Die Staatsmacht – zivil und militärisch – hat Beratungsbedarf.

Das „Tacheles" an der Oranienburger Straße erschien den West-Berlinern wie ein Kriegsgebiet im Nahen Osten: „Ruinen schaffen ohne Waffen" (DDR-Spott).

Verlierer der Geschichte: trauriger Lenin vor der Sowjetischen
Botschaft

Sieger der Geschichte: „Geistkämpfer" von Ernst Barlach vor der Gethsemanekirche im Stadtteil Prenzlauer Berg. In dieser Kirche trafen sich vor der Wende Oppositionelle zu Fürbittgottesdiensten und Friedensgebeten.

Bösebrücke am S-Bhf. Bornholmer Straße. Hier wurden am 9. November 1989 die Schlagbäume zuerst geöffnet.

Neue Perspektiven: Restaurierung des Reichstags mit Kuppel von Norman Foster. Heute ist der Reichstag Sitz des Deutschen Bundestages.

Rainer Werner

Ende 2021:

100 Jahre Schulfarm Scharfenberg

(1922 – 2022)

Im Jahr 1922 gründete der Studienrat Wilhelm Blume auf der Insel Scharfenberg im Tegeler See in Berlin eine reformpädagogisch geprägte Internatsschule. In den elf Jahren bis zur Übernahme der Schulfarm durch die Nationalsozialisten schuf er pädagogische Glanzpunkte, die ins gesamte deutschsprachige Ausland ausstrahlten. *„Lernen mit Kopf, Herz und Hand"* war auf der Schulfarm Scharfenberg keine Phrase, sondern tägliche Realität. Unter dem Regime der Nationalsozialisten hielten Führerkult und Rassenlehre Einzug, wo zuvor Humanismus und Gemeinschaftsgeist gewaltet hatten. Der Neubeginn 1946 ging mit der Aufnahme von Mädchen in die Schulgemeinschaft einher. Scharfenberg war zudem die erste Berliner Schule, die Darstellendes Spiel als reguläres Schulfach in der gymnasialen Oberstufe einführte. 1995 wurde die Schulfarm in ein Gymnasium mit gebundenem Ganztagsbetrieb umgewandelt, um sie vor der Schließung zu retten.

Die Beiträge in diesem Buch sollen den heutigen und ehemaligen Scharfenbergern sowie den Freunden der Schulfarm in aller Welt die historische Entwicklung der Schulfarm vor Augen führen und ihr pädagogisches Potential erläutern.

RAINER WERNER

WAS BLEIBT, STIFTEN DIE DICHTER

DICHTER UND IHRE WERKE
VOM BAROCK BIS ZUR GEGENWART

VERLAG AURIGA

Rainer Werner

Was bleibt, stiften die Dichter

Deutschlehrer unterschätzen oft das Potential, das in der Biografie der Dichter verborgen liegt. Natürlich muss man bei der biografischen Deutung von Literatur die Vermittlungsschritte bedenken, die zwischen den Lebensumständen der Dichter und ihren Werken liegen. Literatur enthält neben gesellschaftlichen und biografischen Aspekten immer auch einen autonomen Kern, der im philosophischen Gehalt und der ästhetischen Struktur der Werke begründet liegt. Doch Schüler möchten wissen, welcher Liebesbeziehung sich Goethes berühmtes Gedicht „Willkommen und Abschied" verdankt. Sie möchten erfahren, in welcher Lebenssituation und geistigen Verfassung Franz Kafka war, als er eine Erzählung schrieb, in der sich ein junger Mann eines Morgens in einen Käfer verwandelt sieht.

Dieses Buch soll den Lehrkräften dabei helfen, den Schülern die Vita der großen deutschen Dichter näher zu bringen. In jedem Dichterporträt werden die wichtigsten Lebensstationen benannt und die in der jeweiligen Phase entstandenen Werke in knapper Form interpretiert. Im Zentrum stehen Werke, die auch heute noch Gegenstand des Literaturunterrichts sind.

Verlag Auriga Berlin

Rainer Werner

Fluch des Erfolgs

Wer hätte gedacht, dass der zündende Slogan "Das Gymnasium darf nicht sterben!" nach 50 Jahren eine Auferstehung erfahren würde? Die erfolgreichste Schulform in Deutschland, die von Eltern hoch geschätzt wird, soll für alle Schüler geöffnet werden: „Gymnasium für alle" heißt die Losung. Besonders einschneidend ist der Wegfall des Grundschulgutachtens und seine Ersetzung durch den Elternwillen. Auch an den Leistungsmessungen wird neuerdings gerne gedreht. Auffällig ist, dass die Durchschnittsnoten im Abitur immer besser werden, obwohl Leistungsstudien - PISA inklusive - den getesteten Schülern keinerlei Lern- und Wissenszuwachs attestieren.

Dieses Buch will zeigen, in welcher Weise das Gymnasium gefährdet ist. Dazu werden die Maßnahmen der Schulbehörden und das utopische Verlangen nach Gleichheit in der Bildung einer kritischen Betrachtung unterzogen.

Das Buch richtet sich an alle Lehrer, die die Aufweichung der gymnasialen Lernkultur und die Absenkung der Anforderungen an die Leistung mit Unbehagen erleben. Es wendet sich gleichzeitig an die Politiker, denen es ein wichtiges Anliegen ist, die Schulform, um die uns die ganze Welt beneidet, vor weiteren Zumutungen zu bewahren.